Z世代のリアル

私たちが共感する企業
届くマーケティング

GEN Z

宣伝会議
SPECIAL EDITION MOOK

CONTENTS

PART 1

有識者が語る、Z世代の特徴

「サステナブル」「SNS」「デジタルネイティブ」……。Z世代を語るうえで欠かせない
キーワードはたくさんあるものの、これまでの世代とは異なる環境下で育ってきた存
在であるがゆえに、特徴をしっかりと把握するのは難しい。
「本当にサステナブルブランドはZ世代の購買意欲を刺激するのか」、「動画のコミュ
ニケーションがZ世代の心を動かすのか」。企業の広告宣伝・マーケティング担当者
や、広告クリエイター、採用担当者などが抱える疑問を、3人の有識者が解説する。

CHARACTERISTICS

01

サステナブランドは"まだ"買えない。Z世代、消費のリアルをひも解く

SHIBUYA109エンタテイメント
ソリューション戦略部
SHIBUYA109 lab.所長

長田麻衣氏
Mai Osada

2017年にSHIBUYA109エンタテイメントに入社。マーケティング部の立ち上げを行い、2018年に若者研究機関「SHIBUYA109 lab.」を設立。宣伝会議等でのセミナー登壇・TBS『ひるおび！』コメンテーター・その他メディア寄稿・掲載多数。

社会課題への「配慮」が「当たり前」になった世代

最近のマーケティング事情が語られるとき、キーワードのひとつとして「Z世代」という言葉がよく出てきます。Z世代とは、1990年代後半〜2000年代前半に生まれた人々を指す言葉。今後の社会と消費を担う世代として注目されています。

彼らは幼い頃からデジタルのある生活に慣れ親しみ、環境問題やジェンダーなどの社会課題にも敏感。一方あまりモノを買わないと言われています。

これまで企業がマーケティングの対象として見てきた、生活者とは少し異なる特徴があるということで、日本のみならず世界のマーケターが彼らの価値観に注目しています。

シェアリングエコノミーの台頭に象徴されるように、Z世代はモノに対する所有欲が低い。ひいては先述のようにモノを買わない世代と言われます。

それでは、先述したこれらのZ世代の特徴は、彼らの消費行動にどう結びついているのでしょうか。イメージ通り、本当に社会課題に対する意識が高いのであれば、エシカル消費をはじめとする購買行動の特性が見られるはずです。

結論を言えば、必ずしもこうした特性が購買行動に直結しているとは言えない面もあるというのが私の考えです。ここからは、私が実際に聞いたZ世代の声を参考に、彼らの性格から消費を紐解いていきます。

私が所長を務めるSHIBUYA109 lab.は2018年に設立。毎月200人のZ世代に話を聞き、トレンド調査やアンケートなどを実施しながら若者向けのマーケティング施策の企画やコンサルも行っています。

これまでも多く語られてきている通り、たしかにZ世代は環境問題やジェンダーなどの社会課題に興味関心が高い傾向にあるのは事実です。実際にヒアリングしてみると、それらの知識は学校の授業で教えてもらったという人が大半。環境への関心が強いのは、昨今の異常気象をリアルタイムで経験していることもひとつの要因です。

一方、ジェンダーや多様性への配慮については「関心」というより「当たり前」と捉えられるようになってきました。

あらゆるメディアで語られているZ世代の特徴や消費に対する価値観。
多種多様なデータが世に出ているがゆえ、「結局、Z世代ってどんな特徴があるの？」と
わからなくなってしまうことも多いのでは。実際、Z世代全体として言える特徴としてはどのようなものがあるのか。
また、その特性の中でも実際に消費行動に影響を与えるものは何なのか。これまでここではZ世代の特徴を
改めて再確認し、最新の消費動向をひも解くべく、SHIBUYA109エンタテイメントの長田麻衣氏が解説する。

例えば友人にLGBTQ＋の当事者がいたり、SNSで同性カップルの日常が流れてきたり、制服を選べるようになっていたりと、ジェンダーに配慮することは特別なのではなく自然なことと考えるようになってきています。

その証拠に、当社調査の「あなたの身近な人にLGBTQ＋であることを伝えられたら、どのように思いますか」という設問に対し約半数が「理解したい」「今まで通り接する」と回答。「距離を置きたい」と答えたのは0％でした（**図1**）。

しかし、自分たちの親世代にはジェンダーについての理解が足りていないという声も聞こえています（**図2**）。彼らの親世代といえば企業で管理職として活躍している方の年齢と合致していることも多いのではないでしょうか。

大切なのは、「ギャップを埋める」ことよりも「歩み寄る」こと。Z世代の価値観は、後の世代にとってより当たり前になっていくはずなので、まずはしっかりと知ることが必要です。

彼らの性格や特徴が必ず消費に結びつかない3つの理由

次に現状のZ世代の消費について押さえておきたい3つの特徴を解説していきたいと思います。

1 サステナブルブランドを購入するZ世代は"まだ"少ないこと

昨今「Z世代向け」と称し、アパレルや日用品をはじめ、サステナビリティやエシカルをテーマにした商品・サービスを展開するブランドをよく見かけるようになりました。

ですが、サステナブルブランドを実際に購入しているZ世代は"まだ"多くないというのが実情。その理由は商品のビジュアルがZ世代好みではないものが多いこと。そして、もうひとつネックになっているのは価格です。

Z世代と呼ばれている生活者の2023年時点の年齢は、18歳〜26歳くらい。高価格帯の商品を買うには十分な収入が得られていない学生や若手の社会人が中心です。高価な商品が多いエシカルやサステナビリティを意識した商品は"まだ"消費の対象外と言えると思います。

とはいえ、SDGs目標達成が迫っている今、サステナビリティへの配慮は企業にとっても最重要項目のひとつ。生活者のエシカル消費を促進する商品開発は急務であると言えます。Z世代の消費者も、サステナビリティに関心がないわけではありません。ただ、価格が壁となって"まだ"購入を考えていないとなると、Z世代のみならず、誰しもが容易に購買できるコスパがよい商品を市場に送り出すための開発技術を成長させることも、企業のミッションだと言えるのではないでしょうか。地球を守る活動の手段を商品やサービスという形で提案できることが求められているのだと思います。

2 ECと実店舗の使い分け

Z世代の生活者はデジタルネイティブとも呼ばれ、幼い頃からインターネットやSNSに触れて育ってきました。

それゆえ、たしかにZ世代は、ECで買い物をしています。ただ、実店舗を使わないわけではなく、ECとうまく使い分けているのです。

この"使い分け"の背景には、「なかなか消費に結びつかない」という彼らの性格が存在していると考えています。

彼らは幼い頃からリーマンショックをはじめとした不景気の時代を生きているため、浪費には敏感な世代。コス

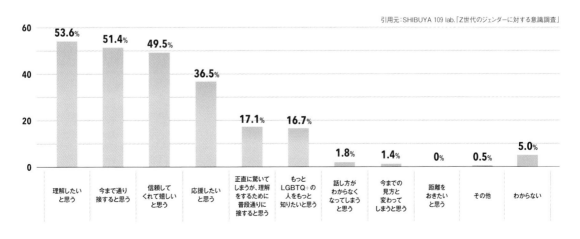

[図1] **Q** あなたの身近な人にLGBTQ＋であることを伝えられたら、どのように思いますか。（複数回答） WEB調査 n=222

引用元：SHIBUYA 109 lab.「Z世代のジェンダーに対する意識調査」

項目	割合
理解したいと思う	53.6%
今まで通り接すると思う	51.4%
信頼してくれて嬉しいと思う	49.5%
応援したいと思う	36.5%
正直に驚いてしまうが、理解をするために普段通りに接すると思う	17.1%
もっとLGBTQ＋の人をもっと知りたいと思う	16.7%
話し方がわからなくなってしまうと思う	1.8%
今までの見方と変わってしまうと思う	1.4%
距離をおきたいと思う	0%
その他	0.5%
わからない	5.0%

パを重視し、失敗しない買い物がしたいと考える人は多いようです。それが、「店舗で実際に商品の実物を見たい」「購入前に試着したい」という行動につながっているのだと考えられます。

現に、アパレル企業のECモールが実店舗をオープンしていたり、EC専門業態の企業が路面店を開業するなど、実店舗回帰の動きは各業態でも進んでいます。

一方で、一度購入経験があり、商品の質や情報を自分で持っている場合は、店舗での確認なしにECで購買する場合もあるようですが、基本的に彼らの消費の裏には「買い物に失敗したくない」という考えがあるようです。

3 SNSが及ぼす影響「周りからの見られ方」が消費を促す

Z世代の消費を語るうえで欠かせないのがSNSです。SNSの存在が彼らの消費価値観に強く影響を与えていると感じています。先述の「買い物に失敗したくない」という感情が生まれるのも、SNSで商品・サービスを比較検討する機会が多くなったことや、友人や信頼しているインフルエンサーから商品の口コミが気軽に聞けるようになったことで、「失敗しにくい消費」がより当たり前になっているのもひとつの理由だと考えています。

またSNSは、投稿から自分の人となりを評価されてしまうもの。常に周りの目がある状態にあるということも、Z世代の消費に影響しているようです。

たとえば、Z世代のおしゃれの楽しみ方のひとつに「リンクコーデ」というものがあります。友人とコーディネートをリンクさせる、いわゆる"おそろい"に近いものです。テーマパークやアーティストのライブなど、世界観がしっかりしている場所へ行く際によく見かけるのではないでしょうか。

リンクコーデをしている人たちに、「なぜするのか？」と尋ねてみたところ、「映えるし、仲が良さそうに見えるから」と答えた人がいました。「仲が良さそうに見える」と聞くと、表面的な人間関係の形成においてドライな印象も持つことも多いでしょう。しかし詳しく聞いてみると、本人たちは本当に仲が良いのだけれど、「仲良い」という事実を周りにも知ってほしくてリンクコーデをする、とのことでした。

つまりこの話からわかるのは、世界観を体感・体験するためにモノを消費しているということ。そして、周りから「こう見られたい」という思いが消費を促しているということです。これは、SNSが身近にある社会で育ってきているからこそ見られる、Z世代ならではの消費価値観だと考えています。

動画の使い方に変化 消費前の「事前確認」が必須項目に

SNSがZ世代の消費価値観に大きく関係していることは明らかですが、SNSと一言で言っても多様なプラットフォームが存在し、それらを巧みに使い分けているのがZ世代です。

図2は当社で実施した「Z世代のSNSによる消費行動に関する意識調査」の結果の一部です。各主要サービスの利用目的の1位が、サービスごとに異なっているのがわかります（図2）。

その中でも、Z世代に購買の検討を促すのに効果的なのは、ビジュアルがメインのSNSプラットフォームです。

最近、YouTubeをはじめとした動画配信サービスの使い方に変化が表れています。従来は暇つぶしとして視聴することが主流だったのですが、この表でもわかるように、「自分の興味のあることを知る」が2位になってきました。これは動画配信プラットフォームが、情報収集の役割を担い始めていることの表れだと捉えられています。

具体的な使い方としては、これまでGoogleで検索していたような「渋谷　イタリアン　お店」といった言葉で検索し、一番上にでてきた動画を視聴す

[図2] **Q あなたはSNSや動画配信サービスをどのような目的で利用していますか。**

Twitter n=354（男性169/女性185） ／ Instagram n=316（男性139/女性177） ／ TikTok n=196（男性83/女性113） ／ 動画配信サービス n=382（男性187/女性195）
（複数回答）※回答者＝各サービス利用者

	各SNS・サービスの利用目的								
	Twitter		Instagram		TikTok		動画配信サービス	
1位	自分の興味があることを知る	49.2%	友達の近況を知る・DM等でやり取り	66.1%	ネタ・面白系・暇つぶし	52.0%	アーティストや曲などを見る・聴く	67.0%
2位	トレンドを知る	47.7%	自分の興味があることを知る	54.7%	トレンドを知る	42.3%	自分の興味があることを知る	56.3%
3位	自分の興味があることを調べる	45.5%	自分の興味があることを調べる	47.8%	好きなインフルエンサーを見る	39.8%	ネタ・面白系・暇つぶし	54.5%
4位	ネタ・面白系・暇つぶし	43.8%	自分の日常や好きなものを投稿	47.5%	自分の興味があることを知る	33.7%	好きなインフルエンサーを見る	45.5%
5位	好きなインフルエンサーを見る	30.5%	トレンドを知る	44.0%	自分の興味があることを調べる	28.6%	自分の興味があることを調べる	45.0%

引用元：SHIBUYA109 lab.

■■ マーケティング担当者が知っておきたい「Z世代」の特徴

Q | サステナブルに関心があるから、エシカル消費に積極的?

A | 価格がネックになり、"まだ"消費に結びついていない。

→ 2023年時点でのZ世代の中心は高校生〜20代前半。高価格帯の商品を購入するには十分な収入がない場合が多いです。とはいえ、SDGs達成は企業の急務。誰もが容易に購入可能な商品の開発が消費促進の鍵かもしれません。

Q | ECや通販サイト・アプリでの購入が主流?

A | "失敗しない消費"のために、実店舗とECを使い分けているのがZ世代。

→ 幼い頃から不景気を生きているため、浪費には敏感な世代。失敗しない消費を求めているようです。実店舗では商品の実物や使用感を確認。一度購入経験があったり、商品に信頼がある場合はECを利用することも多いようです。

Q | SNSの利用は消費にどう影響している?

A | キーワードは"周りからの見られ方"。

→ 投稿で人となりを評価されることもあるSNS。周りからの見られ方を意識しているZ世代も多いようです。本文中のリンクコーデの例のように、「仲の良さ」をフォロワーに知ってもらうためにおそろいの服を購入し、着用シーンをSNSに掲載する。周りから「こう見られたい」という思いが消費を促していることがわかります。

ることが多いようです。また、「誰が発信しているか」はあまり重要ではなく、最初に出てきた映像を見るとの声も多数聞かれました。

動画はビジュアルの中でも、物を認識するのに長けているアウトプット。どこかのお店に足を運ぶにしても、あらかじめ「動画でお店の内装や世界観、商品の見栄えや口コミを確認する」という行動が前提になっているのです。「失敗したくない」という消費行動は、購買だけではなく、店選びの段階でも同様のことが言えるとわかります。

先述のとおり、空間の世界観に合わせて服やメイクも変え、そこで撮影した写真をInstagramなどに投稿することで周りからの見られ方を調整しているZ世代にとって、動画での事前確認は必須になっているようです。

TikTok運用、「フォロー」は必要なし「おすすめ」にのるほうが見られる?

ショートムービープラットフォームのTikTokはYouTubeの利用方法と特性が異なります。調査によると、TikTokでは特定のアカウントをフォローせず、「おすすめ」に流れてきた動画を視聴するとのことでした。

TikTokはユーザーの好みに合ったコンテンツがおすすめで流れてくるシステム。自分の気になるものがあると「いいね」を押したり、投稿者のアカウントを訪れて閲覧しているようです。

YouTubeとTikTokの使い方を見てわかるように、Z世代が動画で情報を得る際は、アカウントのフォローやチャンネル登録は必ずしも必要ではありません。企業の動画プラットフォーム運用で大事なのは「おすすめ」に載り、"ゆるくずっと"生活者の目に留まっておくこと。デジタル広告のような"広告感"の強いものではなく、「SEO対策」のようなことが求められているのではないでしょうか。

一方で、テレビCMも男性には有効なアプローチ方法であることが調査でわかっています。ヒアリングしてみると、「検索ワードがわからない」という意見が意外に多いことがわかりました。一方的なコミュニケーションや提案のような形のアプローチも、属性を考慮しながらであれば有効になるようです。

ここまでZ世代のリアルな声から分析できる彼らの特徴を洗い出してきましたが、以上のことを踏まえるとZ世代ならではの消費価値観には①社会課題に関心はあるが、消費には"まだ"結びついていないこと、②周りからの見られ方を気にかけた消費、③世界観を体験するための消費、④コスパ重視、⑤ビジュアルメインのSNSでの事前確認(失敗したくない)という5つの柱があると思っています。

冒頭でも言いましたが、大切なのはZ世代と非Z世代の価値観の「ギャップを埋める」ことよりも「知り、歩み寄る」こと。間違った捉え方ではマーケティング施策にも影響が出かねません。これまでと少し違う価値観を持つ彼らだからこそ、企業が彼らをよく知ることで、「歩み寄る」ことが必要なのではないでしょうか。**Z**

Z世代に響くサステナブル発信とは

表面的なサステナブルはむしろ逆効果
必要なのは企業のスタンスを示すこと

02

Z世代で広がる「サステナブル疲れ」。当たり前にSDGsなどの教育を受けてきた層にとって、
反発心や懐疑心を抱くという現象のことだ。目が肥えて、慎重に情報や商品を見ているZ世代が、
好感を抱く企業の発信はどういうものか。筆者が実際に現役大学生にヒアリングした声をもとに、解説する。

博報堂 ミライの事業室
牧島夢加 氏
Yumeka Makishima

Z世代を中心とした若者の思考回路や消費行動を分析し、その知見をもとにクライアントの次世代向けプロジェクトに活用。Z世代向けのブランド開発や商品・サービス開発などに従事している。

Z世代は社会課題に対する意識が高いといわれています。サステナブルへの関心度は10代や20代が他年代に比べて高いと発表される調査結果もよく見受けられます（図1）。

それもそのはず、彼らはサステナブルについて学校教育で学んできた世代です。SDGsをテーマにしたポスター展が開催されたり、大学でSDGsに関するレポートを作成する課題が出されたりもしています。

Z世代にとってはサステナブルが必修科目であり、基礎教養となっているのです。認知や関心が高いのは当然のことといえるでしょう。

当たり前だからこそ感じる「サステナブル疲れ」

そんなZ世代の中には、最近「サステナブル疲れ」を感じている人も少なくないといいます。

例えば、ペットボトルの飲み物を購入すると批判してくる知人がいるという大学生の話を聞きました。

彼女はその知人が購入したサステナブル商品の写真を頻繁にSNS上に投稿していることに対して、逆に、「本当に環境のために買っているの？ キャラづくりに使ってない？ と思う。サステナブル商品を使っている自分自身に酔っている感じが伝わってくる（20歳）」と反発心を抱いている様子でした。

また、就職活動でいうと、企業説明会で「SDGsセミナー」が開催されるケースもあるといいます。参加した就活生からは「就職に向けて、これまでの採用基準に加えてSDGs資質をもっているかどうかも問われているように感じている（22歳）」という声も聞かれました。

マーケティング目的で使われることへの嫌悪感

「サステナブル疲れ」と合わせて、最近急激に耳にすることが増えた「サステナブル」という言葉の使い方に違和感を覚え、ネガティブに感じているZ世代も少なくありません。

先に挙げたサステナブル商品を頻繁に購入する行動や、サステナブルであることを強調して購入を促すような商品広告は、実際にはサステナブルではない「SDGsウォッシュ」だと感じるというのです。

Z世代のメンバーとサステナブルをテーマに座談会を開催したところ、「買わないことが一番のサステナブルだから、サステナブルであることをアピールしている商品広告にもやもやする（21歳）」「サステナブル商品を様々な企業が真似して販売し始めると、環境のためではなくお金儲けのためなのでは？ と思ってしまう（20歳）」という声が上がりました。

[図1] SDGsの年代別認知度

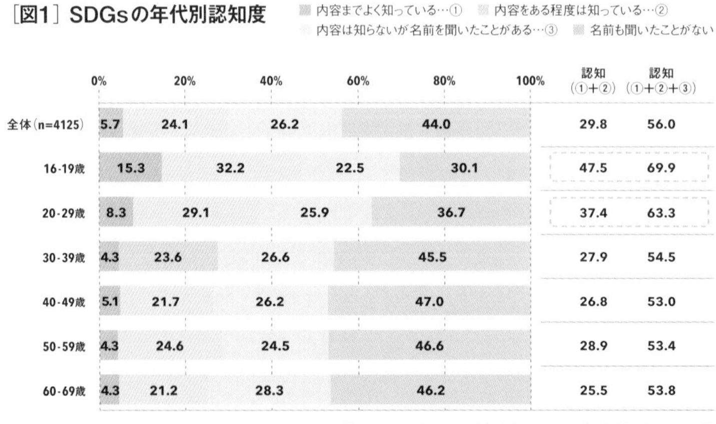

■ 内容までよく知っている…① ■ 内容をある程度は知っている…②
内容は知らないが名前を聞いたことがある…③ □ 名前も聞いたことがない

	0%–100%				認知 (①+②)	認知 (①+②+③)
全体(n=4125)	5.7	24.1	26.2	44.0	29.8	56.0
16-19歳	15.3	32.2	22.5	30.1	47.5	69.9
20-29歳	8.3	29.1	25.9	36.7	37.4	63.3
30-39歳	4.3	23.6	26.6	45.5	27.9	54.5
40-49歳	5.1	21.7	26.2	47.0	26.8	53.0
50-59歳	4.3	24.6	24.5	46.6	28.9	53.4
60-69歳	4.3	21.2	28.3	46.2	25.5	53.8

出所／博報堂SDGsプロジェクト「生活者のサステナブル購買行動調査2021」

サステナブルに関心の高いZ世代の中には、その商品や企業が本当にサステナブルな行動を取っているのかを自身で問い合わせして調べるという人もいます。

例えばコスメの購入時。公式ホームページに載っていない情報もあるので、成分が本当に環境に良いものであるのか企業へ直接問い合わせたりしてから購入する商品を決めるという大学生がいました。

就職活動では、サステナブル経営を謳っている企業の面接時に、取り組みについて直接質問したという人もいました。

その際「SDGsバッジをつけている方に質問したのに、具体的な答えはいただけなかった（22歳）」と残念な思いをすることもあったそうです。

サステナブルな生活を目指していくことは当たり前である、という感覚をもっているZ世代は、表面的なサステナブル活動を敏感に見抜く目を持っているのです。

最近「サステナブル」という言葉を耳にする機会は急激に増えましたが、サステナブルはトレンドではなくこの先ずっと続けていくものだと理解しています。

マーケティング目的のサステナブル発信をしていると、Z世代の心は離れていってしまうでしょう。

購入後の"気づき"を設計できるか

では、Z世代に企業のサステナブル発信を届ける方法はないのかというと、そんなことはありません。彼らの世代に届くサステナブル発信として提案したいもののひとつが「後からサステナブル」です。

これは、「サステナブルだから買った」のではなく「買ったものがたまたまサステナブル活動につながる商品だった」と、購入後に気づくような取り組みです。

「デザインが気に入ってTシャツを購入したところ、買った後で環境に配慮した商品だと知った（21歳）」「本来廃棄されるはずだった古着を再利用したアップサイクルのデニムを持っている。そのことに気付いたのは自宅で商品タグを見たときだった（22歳）」などの声もありました。

後から「Upcycle」のタグがついていることに気づいて、その企業のファンになるなど、購入後に「サステナブル」であることが分かる発信が好ましいとの声が上がった。

このように、購入前にアピールしすぎず、さりげない発信に好感を抱くことが多いようです。

買わないことが一番のサステナブルであると知っている世代なので、必要なものであることを前提に、「かわいい」「かっこいい」「楽しい」「面白い」など、自分の好みや感情を優先させて購入したものが、結果サステナブル商品だったという状態が望ましいと考えています。

いかに「後からサステナブル」の商品設計ができるか、それをさりげなく広報できるかがカギとなってくるでしょう。

求められているのは企業のスタンス

別のアプローチ方法として提案したいのは、SDGsをテーマにした企業広告・発信です。商品それぞれがサステナブルであると伝えるマーケティング的な方法は好まれない一方で、企業のサステナブル経営のスタンスを示すような広告や発信は購買行動につながることが分かっています。

例えば、「あるスポーツブランドの企業広告CMを見たことを機に、今後スニーカーを購入する際はそのブランドのものを買うことに決めた（23歳）」という学生がいました。

この企業広告CMは差別やいじめを題材にした内容で、賛否両論のコメントが多数寄せられました。この学生は「批判の声が上がることを想定した上で社会問題を企業広告CMで取り上げ、会社としてのスタンスを明確にしたこの企業の姿勢に惹かれた」と話します。

このように、発信している"スタンス"に共感している企業のものを購入したいという声は他でも聞かれています。今は商品を購入しようと思っても、どれも良い製品で機能的にはほぼ差がありません。生活者にとってはどれを買うべきか選択するのが非常に難しくなっており、これはZ世代にとっても同様です。そんな中、もの選びの基準となるもののひとつが、企業のサステナブルな取り組みへのスタンスとなるのです。

共感が集まるとSNSで拡散されることもあるため、さらにZ世代の目に触れるチャンスが広がります。自社のスタンスを社会に提示することができれば、長期的に支持してくれる企業のファンをつくることも可能になるでしょう。

1 企業のスタンスを明示すること、2 より本質的な取り組みを継続すること、3 「後からサステナブル」を感じられるような導線をつくること。

今後、「サステナブル」という言葉を上の世代よりもずっと身近なものとして捉えているZ世代に、企業の情報を届けるには、この3つがカギとなるのではないでしょうか。 Z

※本記事は月刊『広報会議』2022年6月号の再掲載

若年層に響くコンテンツとは?

コンテンツ大量消費時代を生きるZ世代
自分ごと感を生み出す「動画」

03

小学生の頃からいわば"動画漬け"の毎日を送ってきたZ世代。
動画という手段に抵抗が少ない反面、目の肥えた彼らに刺さる、埋もれない企画力が重要となる。

**SNS
トレンドマーケティング協会
代表理事**
椎木里佳 氏
Rika Shiki

中学3年時にAMFを創業。2021年12月からSNSトレンドマーケティング協会代表理事に就任。Z世代の代表としてメディア出演も多数。

YouTubeネイティブであるZ世代は、企画力がありコンテンツとして価値があるものに関しては、プロモーションであっても率先して自ら検索しにいく傾向があります。ただし、恐ろしいほど目が肥えているので注意が必要です。プロモーションであることが前面に出た動画は拒否反応が出る確率が高い。また、コンテンツ大量消費時代において、記憶に残らない動画は行動にはつながらないと言われています。記憶に残してもらうには、チャレンジ性があるものなど「自分でやってみたい!」と自分ごと感をつくってあげることが大事です(事例参照)。

集中できる8秒間に凝縮

アメリカで発表されたデータによると、Z世代の集中力は8秒しか持たないといいます。興味ないものはスワイプですぐ飛ばせる短尺の縦型動画は、Z世代において待望の機能なのです。

縦型動画の歴史はSnapchatが全米を席巻した2015年頃まで遡ります。その後、Instagramのストーリーズ機能などが後に続き、TikTokがアジアで台頭。「短尺の縦長動画」は一時のブームかと囁かれましたが、Z世代のコンテンツ消費スピードと短尺動画は、驚くほど相性が良く、その後Instagramのリール機能やYouTube Shortsも短尺縦型動画機能を実装しました。

従来の企業プロモーションでは、YouTuberを起用する方が望ましいという考えが一般的でしたが、YouTube Shortsを使った実例を見ると、超有名YouTuberより、TikTokerの方が再生されやすい傾向にあることが増えてきています。これは短尺縦型動画を熟知し、ナレッジが蓄積されているクリエイターを起用した方が質の高いコンテンツが完成し、結果的にバズが生まれやすくなっているという証明です。外注やコラボを考えている場合には、チャンネル登録数やフォロワー数だけで判断するのではなく、活用したいツールの理解度やコンテンツの内容など、総合的に判断する必要が出てきていると言えるでしょう。**Z**

串カツ田中の事例

縦型短尺動画を熟知しナレッジを蓄積している動画クリエイター・修一朗を起用した事例。「テイクアウト生活」で食生活が変わった話から入り、動画の半分を過ぎてからやっと串カツ田中の話に入るので拒否反応が出にくく、試してみたくなる企画になっている。

※本記事は月刊『広報会議』2022年4月号の再掲載

PART 2

GEN
Z

IN AMERICA

米国のZ世代事情

日本以上に新たな消費の主役としてZ世代に注目する米国のZ世代事情もレポート。米企業がZ世代向けにどのような施策を展開しているのか、その実態に迫る。

※本章は、月刊『宣伝会議』連載「米国広告マーケティング事情」の2021年12月号、2022年3月号を再編集したものです。

Z世代、90年代にハマる
広告業界はノスタルジア・マーケティングブームに

「Z世代、90年代にハマる」「広告業界は90年代ノスタルジア・ブームに」—。
2021年後半から、こんな見出しがメディアを賑わせている。そして2022年に入っても
「ノスタルジア・マーケティングブーム」の勢いは衰えず、大きな波となりそうだ。

リーバイス、「あの頃のオーラが帰ってきたようだ」
伝統の501から新商品90年代ジーンズ発売

　2021年12月23日付ニューヨーク・タイムズ紙はスタイル特集で「Gen Z Channels the 1990s（Z世代、1990年代にハマる）」を掲載し、Z世代がいかに今、90年代のファッションや文化を嗜んでいるかを解説した。また「同世代の歌手オリヴィア・ロドリゴは1995年製のシャネルのスーツを、モデルのベラ・ハディッドはグッチ1998年春コレクションを着て注目を集めた」ことを例に挙げ「著名ファッション誌やインスタグラムなどのSNSも、こぞって90年代ファッションを特集している」と指摘した。

　こうした90年代ブームに乗って、リーバイスは2021年12月1日、「501シリーズの新商品501 '90sジーンズを発売する」と発表した。そして広告に起用されたモデル兼女優のヘイリー・ビーバーは「いま注目されている、自分が生まれた時代を振り返ることはクールだし、90年代の写真・映画・ファッションの美しさに私は惹かれます」とティーンヴォーグ誌に語っている。同誌は1873年誕生のリーバイス501が伝統の型を継承しながら微妙にスタイルを変えたことに触れ「やや前屈で緩めの着やすいデザインで、90年代のオーラが帰ってきたようだ」と新商品を表現した。

「"クリスタル・ペプシ"が帰ってきた」
ペプシコ、幻のコーラ30周年記念キャンペーン

　ペプシコは1月4日、「92年発売の"クリスタル・ペプシ"30周年を記念して、写真コンテストを開催する」とTwitterで発表した。自身の90年代の写真をハッシュタグ付きでTwitterに投稿すると、抽選で300名にクリスタル・ペプシが当たるキャンペーンだ。

　同商品はわずか2年足らずで販売中止となった透明色のコーラで、今でも"幻のコーラ"としてマニアには人気が高

Coast to Coast Marketing Services代表　**松本泰輔**氏 Taisuke Matsumoto

AEとして約10年広告代理店に勤務後、1995年渡米。大学院卒業後、ニューヨークの広告代理店にて通信・金融・食品会社などを担当し、2005年独立。アメリカ東海岸を拠点にマーケティング、ジャーナリズム分野にて幅広く活動。2011年、宣伝会議より『フェイスブックインパクト』を共著にて発表。
ty@coast2coastmarketing.us

リーバイス

モデル兼女優のヘイリー・ビーバーを起用したリーバイス501 '90ジーンズのCM。「ちょっと大きめのジャケットやパンツが好き」と述べるなど、90年代ファッションの魅力を語る。

ペプシコ

生誕30周年を記念した開催された「クリスタル・ペプシ・フォトコンテスト」。Twitterでは「大好きだったので、30年間缶を保管しています」というダイハード・ファンからの投稿も見られた。

い。2016年に限定販売されたが、今回は一般販売がないことから希少価値が高くなった。そしてCNNやUSAトゥデーなど大手メディアも「90年代のノスタルジア、クリスタル・ペプシが帰ってきた」と一斉に報道し、話題を呼んだ。

キャンペーン開始早々にTwitterでは、「発売当時、ぼくはまだ12歳。クリスタル・ペプシを送ってください。あの頃の自分に戻れます」と興奮したファンが写真を掲載するなど盛り上がりを見せた。

自動車保険ガイコ、
93年のヒットソングの替え歌で制作したCMが大ヒット

2021年初めに放映した自動車保険会社ガイコのCMは、93年に大ヒットしたTag Teamの"Whoomp!（There It Is)"の替え歌"Scoop!（There It Is)"を使用。

本作は2021年最多の再生回数を稼ぎ、一度中止したあと夏から秋にかけて再度放映するという異例のヒットCMに。そして9月にはCMで披露したアイスクリームが当たるコンテストを開催。応募者は曲に合わせてダンスした動画をTikTokやInstagramに投稿し、抽選で325名がオリジナルアイスクリームを獲得した。

ジョリビー、架空弁護士による
90年代風インフォマーシャル

ファーストフードのジョリビーは、90年代深夜のテレビ放送で流行ったインフォマーシャルを復活させ、話題となった。CMには架空の"チキンサンドイッチ弁護士、クリス・P・ポルトリー"が登場し、「あなたにまずいチキンサンドを食べさせません。おいしいチキンサンドを勝ち取るために闘います」と宣言する。名前がクリスP（Crispy、カリカリ）、姓がポルトリー（Poultry、鶏肉）なので"カラッと揚がったチキン"という名前になる。同時に立ち上げたイベント用HPを開くと無料でチキンサンドイッチがもらえるキャンペーンを行った。

90年代ドラマがZ世代に大人気
「フレンズ」「ギルモア・ガールズ」がお気に入り？

現在の90年代ブームの理由のひとつに「景気も良く、心配無用だったあの時代に帰りたい」という消費者の願望が挙げられる。また、当時を知らないZ世代には90年代の文化やファッションが新鮮でクールに見え、少し上のミレニアル世代は幼い頃に経験した古き良き時代を愛おしく思っている。

こうしたトレンドを背景に、当時大ヒットしたドラマ「フレンズ」「ギルモア・ガールズ」「セックス・アンド・ザ・シティ」などがZ世代のお気に入りとなっている今、広告業界の90年代への傾倒も自然な流れといえよう。

ガイコ

自動車保険会社ガイコのCM。主婦が料理をしていると、突然現れて90年代のヒット曲を歌いながらアイスクリームをすくって入れる2人組。冷たい視線を浴びせる家族もいつの間にか一緒に踊ってしまう。このCMが人気を呼び、オリジナルアイスクリーム進呈キャンペーンに発展した。

ジョリビー

「依頼人のために全力を尽くして"おいしいチキンサンドイッチ"を勝ち取ります！」と架空の弁護士が熱弁を振るうジョリビーの90年代風インフォマーシャル。キャンペーン用HPへ行くと、無料チキンサンドイッチ進呈も。

今年大ヒットしたフィジェット・トイで代表的な「Pop It」。シリコンでできた凹凸板を押すと「ポコ」という音がして、それがストレス解消になるという。デジタル画面に飽きた子供たちが遊ぶアナログなおもちゃ。

フィジェット・トイ「Pop It」

アルファ世代と、その親のミレニアル世代をターゲットにする「バービー」は、彼らが好むサステナビリティに訴求し、リサイクル素材でつくった人形コレクションを発表した。

**マテル社「Barbie Loves the Ocean（BLO）」
コレクション**

「Z」の次は「アルファ世代」
続々とアプローチを開始する米企業

02

「アルファ世代」は2010年から2025年に生まれた世代で、21世紀以降に生まれ育った最初の世代。特徴としては、AIやハイテクを好み、多様性に寛容で、既成概念を嫌い、どの世代よりも高い教育を受けている、などがあげられる。そして、多くの米企業マーケターたちは静かにアルファ世代へアプローチを始めている。

コロナ禍での思わぬヒット商品
「フィジェット・トイ」とは？

コロナ時代に育っているアルファ世代は家で過ごす時間が長く、デジタル空間で大半の時を過ごしている。しかし長い間オンラインで過ごしていると、フィジカルな運動が恋しくなる。そんなとき退屈や運動不足からくるイライラ解消のために重宝するのがFidget Toy（フィジェット・トイ＝単調な作業を繰り返して遊ぶ種類の玩具）である。数年前に流行ったハンドスピナーもその一例だが、自閉症の子どもの不安解消や、一般の子供でも集中力を持続するときにフィジェットが有効であるという研究結果が出ている。

「Pop It」は現在、最もホットなフィジェット・トイ。シリコン製平板の丸い穴を裏返す単純な作業を繰り返す玩具だ。凹凸穴をひっくり返すときの「ポコ」という音が癒やしになる。今年フィジェット玩具が大ヒットすると、玩具メーカー以外の企業も一斉にフィジェット市場に参入。デ

ィズニーはミッキーマウスやスター・ウォーズの「Pop It」を発売している。

その他、キラキラ水晶粘土をこねる際のパチパチ音が脳を刺激し、ASMR効果の高い「パテ（スライム）」や、クレヨン会社CrayolaのDIYキットなど、創造力や工作能力を引き出しながら遊べる商品も売上を伸ばしている。

カンター・コンサルティング副社長のレイ・デュラン氏は「子どもたちは（コロナ中も）フィジカルな遊びを恋しがっている。フィジェット大ヒットの理由はそこにある」と述べた。

アルファの親・ミレニアルが好むサステナビリティ
バービー人形のパッケージが再利用製品に

アルファ世代は自分でモノを買う機会がほとんどないので、企業はまず親を説得する必要がある。アルファ世代の親はミレニアル世代（現在25〜40歳）。彼らの多くは「サステナビリティ」「地球温暖化」「男女機会平等」などに強い関心を持ち、それを自分の子どもにも引き継がせたいと

従来の「ミスター＆ミセス ポテトヘッド」（上）と"ミスター"と"ミセス"を削除した「ポテトヘッド」と新発売「ポテトヘッド・ファミリーセット」のパッケージ（下）。アルファ世代が住む世界観に近い家族像に近づけるのが狙い。

以前の男性的な風貌（左）から中性的なデザイン（右）に変更されたニュースクール大学のマスコット「ナールズ」。各地の大学マスコットは今、「差別的なデザイン」で世間の批判にさらされているため、今年から新デザインを取り入れた。

「ポテトヘッド」から"ミスター""ミセス"表記を削除

ニュースクール大学マスコット「ナールズ」

願っている。

そういった観点から、バービー人形のマテル社はリサイクル素材でつくられたパッケージを導入し、捨てられたプラスチックを人形に再利用するプログラム「Mattel PlayBack」を開始した。今夏に発売された「Barbie Loves the Ocean（BLO）」コレクションは、素材の90%が海から回収したプラスチックでつくられたもの。同社上級副社長リサ・マクナイト氏は「子供たちが生きる未来の環境を形成する一部として、BLOはサステナブルで革新的な最良の模範です」と公式ページに述べている。

またマクドナルドは8月下旬、「当社の使用するパッケージやナプキンなどの紙製品はほぼすべて（99.6%）リサイクル素材になった」と発表した。また9月21日には「ハッピー・ミールについてくる玩具のプラスチックを大幅に削減し、2025年までに玩具リサイクル率100%にする」と宣言した。

米おもちゃメーカーのハズブロ
「ポテトヘッド」人形から"ミスター"を削除

アルファ世代は物心ついたときからLGBTQ運動が盛んな環境で生きている。したがって、ジェンダーフリー、ダイバーシティー、男女平等などには敏感である。クラスメートの親の中にはTwo DadsやTwo Momsといったゲイカップルがいることも珍しくなく「うちはパパとママだけど、パパ（ママ）が2人いる家もある」と理解する子どもも少なくない。そういった時代に対応すべく、おもちゃのハズ

ブロは同社の「ミスター・ポテトヘッド」のパッケージから「ミスター」を削除した。同社は今後も「ミスター」と「ミセス」の人形を販売するが「箱に"ミスター"、あるいは"ミセス"を表記するのは重要ではない」とツイッターで述べた。そして目・鼻・口や髪型などの部分を自分で付け替えができる「ポテトヘッド・ファミリー・セット」を発売開始。これで子供たちは「二人父」や「二人母」など自分の望む家庭像の人形を自由につくり、遊べるようになった。

ニュースクール大学マスコット
ジェンダーフリーにデザインを変更

ニューヨークのニュースクール大学は8月23日、「New Year, New GNARLS!」とツイートし、秋からの新学期にあわせて大学マスコットのGnarls（ナールズ）の新デザインを発表した。以前の「ナールズ」は男性的な風貌だったが、今回は中性的なデザインが特徴となっている。

デザイン変更は、近年フロリダ州立大、サンディエゴ州立大、ハワイ大、ノートルダム大などのマスコットが「差別的」と批判を受けていることから、ニュースクール大が"equity, inclusion, and social justice（公平・統合教育・社会正義）"を推進することを社会に意思表示したもの。「アルファ世代の子供たちは"男の子""女の子"とジェンダーグループに分けられることを好まない」という専門家の意見もあり、企業も慎重なマーケティング戦略を立てる必要に迫られている。　　　　　　　　　　　（松本泰輔）

PART ⟶ **3**

Z世代の
リアルな消費とSNS活用

現役のZ世代が自らの消費価値観を分析。
「買う」「買わない」の基準やSNSの活用方法など、生の声を聞いた。

※本章は、月刊『宣伝会議』2022年3月号、『広報会議』2022年9月号を再編集したものです。

GEN
Z

CONSUMPTION
& SNS

01

買う／買わないの判断軸はどこにある？
現役大学生の買い物事情

Z世代の消費行動やお金に対する価値観とはどのようなものなのか。物・サービスを購入するのは
どのようなタイミングで、どのように商品を選択しているのか。現役大学生の3名に話を聞いた。

ネットで調べて現地で購入
私の最近の買い物

—— 最近の印象的な買い物を教えてください。

唐澤 私は2022年の始めにベッドを購入しました。以前は部屋に布団を敷いて寝ていたのですが、年末の大掃除をした際に、生活の質を上げたくなったんです。当時は大学3年生でもうすぐ就職活動もはじまるので、部屋が整っていて居心地が良い方が、頑張れると思いました。現在実家で暮らしているのですが、来年就職したら一人暮らしを始める可能性があるので、その時に新しいベッドを購入することも考えて、コスパを重視。ニトリで税込

11,000円で販売していた、足付きマットレスを選びました。最初はネットで探していて、3,000円くらいのものも見つけたのですが、知らないブランドで実物の雰囲気もあまりわからなかったので、近くのニトリに行って実物を見て、そこで予算にあうものを見つけて購入しました。

葛見 最近の買い物は、GU（ジーユー）の白いコートです。価格は4,000円ほど。ディズニーランドに行くにあたり新しいコートが欲しいなと思い、黒いコートは持っていたので今回は白を買うことにしました。現在、アルバイトをしておらず、あまりお金を使えないため私もコスパを重視。GUであれば予算内でよい物が見つかると考え、サイト

で検索しました。フード付き、素材感といったイメージをもとに目星をつけた上で、店舗で実物を見て購入を決めました。

御園生 私は椅子の上などに置いて使用し、正しい座り姿勢に導いてくれる「Style」という商品を購入しました。価格は税込で9,800円です。オンライン授業でずっと座ってパソコンを見ている生活が続き、外出の機会も減ったことによる運動不足で筋肉が減って姿勢が悪くなっているのを感じ、この機会に買うことにしました。本当は2年くらい前に買った方が良かったのかもしれません。最初は使用されている素材などを考えると、価格が高めだと感じたのですが、ネットで他の会社の商

信頼している
ブランドの服は、
オンラインで
購入します。

青山学院大学
唐澤 悠 氏
Yu Karasawa

就職活動に向け、QOLを上げるためにベッドを購入。来年生活が変化する可能性を考慮し、コスパを重視した。衣服はZOZOTOWNで購入することが多いという。

GUでコートを購入した際は、数あるコートの中から事前にネットで商品を調べ、予算とイメージに合うものの目星をつけてから店舗で購入した。

古着など、好きなものは
使い勝手が良さそうで
あれば一目惚れで
購入することも。

千葉商科大学
葛見俊樹 氏
Toshiki Kuzumi

品も調べると、どれも1万円前後だったので、このくらいが相場なのだとわかりました。近所に座って試せるサンプルが置いてあるお店があるのでそこに行って実際に座り、購入にいたりました。

—— 皆さんネットで調べた後、店舗で実物を確認して購入を決めているのですね。

御園生 ネットか店舗かは、購入するものの価格帯やカテゴリによって使い分けています。消耗品や価格帯が低い物は、直接ネットで購入することもあります。

葛見 服はお店で見てから買うことが多いですね。サイズ感や素材感が、ネットだけだとわからないので。お店で触って試着してから買えた方が安心できます。

唐澤 私は服はZOZOTOWNで買うことが多いです。特に、過去に自分が購入したことがある、店舗を訪れたことがあるといった好きなブランドの服は、信頼してネットで購入しています。ZOZOTOWNなどはクーポンがあるので、発行されたタイミングでお得に買

いたい気持ちがありますね。

日常の支払いは電子マネーで
使用の理由はポイント還元

—— 物・サービスを購入する際の決済方法を教えてください。

葛見 私は店舗で買い物をする時、食品や雑貨といった細々としたものは、電子マネーを使うようにしています。楽だし、現金を持ち歩かなくてよいというメリットももちろんあるのですが、やはりポイントが貯まるのが大きいですね。

御園生 私も葛見さんと同じで、ポイントが貯まるので電子マネーで支払うことが多いです。同年代の知り合いを見ても、高校生まではみんな普通に現金払いをしていましたが、大学生になって電子マネーを使うようになっていると思います。

唐澤 PayPayを使っています。30％還元などもよくありますし、コンビニでも必ず2円返ってくるので。また、PayPayには割り勘機能もあるので、大勢がかかわるプロジェクトや集まりでお金を使ったときなどは、それがとても使い勝手が良いですね。

葛見 その機能のことを私は最近まで知らなくて。この間唐澤さんから連絡が来て初めて知ったのですが、とても便利でした！

"高い"ものを買う判断軸は？
未来を考えた購買行動

—— 必要に迫られた時や生活必需品以外で、物を買う・お金を使うのはどのような時ですか？

唐澤 ストレスが溜まっていたり、逆にテンションが上がっていたり、感情が動いている時に買い物をしているように思います。物欲が強いタイプで、2年ほど前は本当に「ストレスが溜まったらすぐ買い物」のような生活をしていて、お金がなくなってしまっていたので最近は頑張って抑えようと心がけています（笑）。

御園生 唐澤さんのストレスと通ずるものがありますが、忙しいなど、自分に余裕がない時に買い物をすることが多いです。私は葛見さんや唐澤さんと一緒に「FUTURE2021」という東京広告協会が主催する大学生意識調査プロジェクトに参加しているのですが、そのプロジェクトの繁忙期に、10

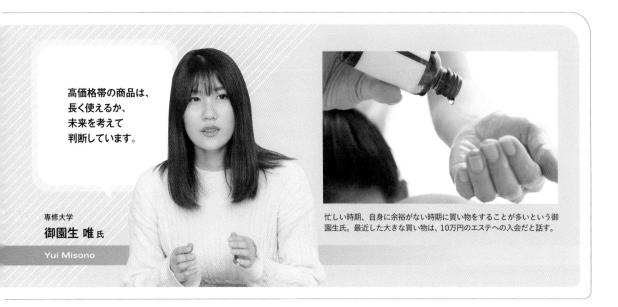

高価格帯の商品は、
長く使えるか、
未来を考えて
判断しています。

専修大学
御園生 唯 氏
Yui Misono

忙しい時期、自身に余裕がない時期に買い物をすることが多いという御園生氏。最近した大きな買い物は、10万円のエステへの入会だと話す。

万円のエステのコースに入会しました。忙しくてお金もあまり使っていなかったため、お財布に余裕があったということも関係していると思います。エステは満足していますが、月3万円ずつの支払いは苦しかったですね（笑）。

葛見 私は2人のように、ストレスや忙しさにはあまり影響されないかもしれません。でも、欲しいと思った物はすぐ買ってしまうタイプではあって。古着が好きなのですが、一目惚れしたもので使い勝手がよさそうな服は、多少値が張っても買ってしまうことが多いです。

—— 「高いな」と感じた商品を買うか買わないか決める、判断軸はどこにあると思いますか？

御園生 未来を考えて判断している気がします。例えば服などは、丁寧に扱えば長く着られる。逆に食品など、なくなってしまうものに高いお金はかけていません。

唐澤 私も服では流行り廃りのない色やシンプルなデザインなど、ずっと着られるものにお金をかけ、柄物など

は飽きてしまう可能性があるのであまりお金をかけないようにしています。ただ、私の友人に逆の考えの人がいて、「シンプルなものはファストファッションでもよいが、柄物は安いものだと安っぽく見えてしまうので、高価格帯のものを買う」と言っていました。それを聞いて、一理あるな、と。考え方は異なりますが、"長く使える"という点では、共通していると思います。

葛見 「未来を考える」というのは、重要だなと私も思います。最近、加湿器を購入したのですが、アロマオイルも使用できて、インテリアとしても部屋になじむものを購入。「長く使えそうだ」と思ったので買いました。別の観点だと、1つ年下の後輩でディズニーファンの子がいて。その後輩はカチューシャなど新しいグッズが出るたびに買って揃えています。私もサッカークラブのユニフォームは2万円くらいしても毎年新しいものが出るたびに購入しているので、"好き"や"推し"といった気持ちも、買い物への動機になりやすいように感じています。

唐澤 「長く使える」以外でいうと、化

粧品では、ベースメイクは高価格帯、アイシャドウなどのポイントメイクはドラッグストアでプチプラを選ぶといった使い分けをしています。

御園生 私は化粧品については「使い切ったら買う」ことにしているのですが、友人にはアイシャドウやチークなど、同じ用途の物でも複数揃えている人もいます。これは、葛見さんの言っていた「"好き"だから買う」という心理と同様なのかなと思いますね。

—— 最後に、衣服（コートなどの大物ではなく、通常のトップスやボトムス）を購入するとしたら、いくら以上だと「高い」と感じますか？

唐澤 8,000円くらいだと、高いなと感じると思います。

葛見 私も同じくらいでした。

御園生 私は5,000円くらいです。服をワンシーズンに1着くらいしか買わないので、服にかけるお金の総額の感覚の違いかもしれません。

唐澤 私、ワンシーズンに20着くらい買っているので、今聞いて違いに驚きました（笑）。 **Z**

Z世代は今、SNSを
どのように活用するのか

デジタルネイティブとされている20代の若者はいま、何を考え、どのようにSNSを利用しているのだろうか。20代3人による座談会を開き、SNSの利用目的やSNSに求める情報について聞いた。

みなさん、日常的にSNSを利用していると思いますが、主にどのような用途で利用していますか。

飲食店を探す時には、特にInstagramをよく使いますね。最近ではTikTokを使うこともあります。

同じく、ご飯を食べに行く時は、まず行きたい場所や食べたいものを「#〇〇」で検索します。

「〇〇グルメ10選」など、飲食店の情報がまとめられている投稿は多数存在しますよね。

そうですね。場所や食べたいものを調べてから「ここいいな」と思った飲食店を再度「#店名」で検索し直しますね。ただ、その飲食店の公式アカウントにたどり着いた時に、情報が少ないとがっかりしますね。

飲食店の公式情報、何を見る?

店内の様子や料理、メニューや予算などの情報が公式アカウントに載っていなければ、他の人の投稿に戻ってしまいますね。

コロナ禍のいま、営業日や営業時間などを定期的に更新して、分かりやすい場所に記載してあると、親切だなと思います。

最近では、SNSに予約サイトのリンクが貼ってあったり、DMから

予約を受け付けていたりする飲食店もあるので、公式アカウントだけで情報収集から予約まで完結できるとよいですね。

私は、飲食店で"何を食べられるか"ということに加えて、"何ができるか"ということも重視しています。店内でどんな写真が撮れるか、他店とは違う何か面白い仕組みがあるか、とか。他にも記念日にケーキやおしゃれなデザートプレートを出してもらえるかなど、どのようなサービスが受けられるかも知れると嬉しいです。「推し活」で飲食店を利用する際、推しのグッズなどを店内に置いて撮影することがあるのですが、その推しがいかに"映える"かを意識しています。

似合う服をSNS上で見つける

それでいうと、ライブやイベントに行く時「#推し色コーデ」などを検索してコーディネートの参考にしませんか?

します! ライブ以外でも自分のコーディネートを決める時や、友人と服装を合わせる際に「#シミラールック」「#カップルコーデ」「#ピクニックコーデ」などシーンごとに細かく検索します。あとは、アパレルブランドの公式アカウントで数パターンの身長のモデルを用意して、ライブ配信や動画で同じ服を着て見せてくれていると、自分の着た感じをイメージしやすくて購入に繋がりやすいですね。

［飲食店を探す場合］

誕生日にはこんなサービスがあるんだ。この内装オシャレ…!

❶ 行きたい場所・食べたいものを検索
- 定期的な投稿があると安心感に。
- 一目で何の投稿か分かると良い。

渋谷で美味しいご飯を食べたい。記念日のディナーはどこにしよう?推し活で映えるカフェあるかな。

❷ 目的・好みに合う投稿を見つける
- どのようなサービスが受けられるかが分かる投稿に目が留まる。
- 「#〇〇」で投稿数の多いタグを使うことで検索に引っ掛かりやすく。

定休日や営業時間は?予約方法は?

❸ 公式アカウントにたどり着く
- 公式のアカウントだと分かるようにプロフィールなどの情報が整理されていると良い。

メニューや値段、店内の様子やサービス内容が知りたい。

＼ 公式アカウントが充実している ／

公式アカウントの情報で訪問決定
- メニューや混雑状況などリアルタイムで更新されていると期待が高まる。来店後も撮影したくなる。

まだ売り切れてないみたいだから行こう!この期間限定メニュー美味しそう。

＼ アカウントが充実していないorアカウントがない ／

別の投稿に戻る、他店に行く
- 他の投稿より、公式アカウントの方が充実していないと、フォローせずに次へ。

営業しているか不安。どんなメニューがあるんだろう。他のところ行こう…。

[服を購入する場合]

この服素敵！自分に似合う？
サイズはどんな感じだろう。

私もサイズいい感じで着れそう。
ブルベ夏にはこの色がいいんだ！

❶ 服が欲しい
- フォローしているブランドの新作や芸能人・インフルエンサーが着ている服、SNSで話題の服は目に留まりやすい。
- 季節感やトレンドにのった投稿は見たくなる。

❷ 自分と似た人が着用している投稿を探す
- 様々な体格やパーソナルカラーの人の着用イメージがあると、もっと知りたくなる。
- 写真や動画に加え、リアルタイム配信などで質問に答えてくれると良い。
- 店舗スタッフがモデル化し、SNSに投稿している場合、身近に感じやすい。

❸ 実際に店舗に行く。購入する
- 店舗スタッフが着ているのを見たり、試着してみたりする。丁寧な接客やブランドが気に入れば、SNSで口コミを拡散。
- その後もSNSで新作やセール情報を追うように。
- SNS限定・フォロワークーポンなどを含めアカウントを継続的にチェック。

次もここで買う！
みんなに教えて
あげよう。

実際に見てみたい。
スタッフの
アドバイスを
聞きたい。

🙂 自分に合った情報がより細分化されて発信されていると、嬉しいですよね。

🙂 そうですね。公式サイトのモデルの着用イメージはほんの一例にすぎないし、着丈や身幅が数字で書かれていてもいまいちピンとこないんですよね。それがSNSだと写真や動画ですぐに分かるので、ありがたいですね。

🙂 私は、自分に近い体型やパーソナルカラー、骨格タイプ、好きな系統のインフルエンサーをフォローして、自分に合う服やメイクを勉強しています。他にも、服を買う前に、「#商品名」で検索して、それに合うコーデを自分の持ち物と照らし合わせたりします。

🙂 私たちZ世代は、"自分の好きなもの"だけでなく"自分に似合うもの"も大切にしているように感じます。

🙂 ただ、"自分に似合うもの"だけを追求すると、苦しくなってしまうので、パーソナルカラーや骨格タイプに合うものを選ぶこともありますが、

それらを気にしすぎず、基本的には私は着たい服、好きな色を身につけています。なので、パーソナルカラーや骨格タイプに偏った情報ではなく、多様な視点から情報発信をしているアカウントは好感が持てますね。

ベストな撮影、位置、時間、画角

🙂 私は写真を撮るのが好きで、旅行に行く時も素敵な景色やロケーションをSNSで探していくのですが、みなさんはどうですか？

🙂 私もやはり、観光雑誌よりSNSでリサーチしていますね。旅行に行ったり、友人と出かけたりする時は、そこに「何があるか」というより「どんな写真が撮れるか」「何が体験できるか」ということを写真や動画で事前に知りたいです。

🙂 一般の人がうまく写真を撮るコツや、景色がベストな時間帯・画角などを教えてくれる投稿があると嬉しいですね。王道の観光地ではないけれど、穴場スポットや、写真映えするところに行きたいという気持

がある人は、多いのではないでしょうか。SNSだと、写真や動画に加えて、その場の位置情報を載せることができるので、マップにそのまま飛べるのもいいですよね。

髪型、働き方…そのリアルを知る

🙂 他にもSNSを活用している場面はありますか？

🙂 美容室に行く時に、ヘアカラーやヘアスタイルの参考にしていますね。「#髪色」「#ヘアスタイル」で検索して、ヘアカタログ代わりに使っています。

🙂 ヘアモデルではなく、一般の人の施術前後での変身動画を載せている美容師をInstagramやTikTokで見かけますが、本物のお客さんを登場させることでリアリティを持った情報になり、一気に信憑性が上がります。自分に置き換えて考えられると安心します。

🙂 就活で、SNSを利用する場面もありました。説明会の予約や面接の日程調整などすべてSNSにURLを貼り、そこで完結している企業もありますよね。

🙂 採用ページがない企業にSNSから応募したことがあります！

🙂 人事が「名前@企業名/人事」などでSNSをしているところもありますよね。私はそこで、働き方や社員の人柄などを見ていました。

🙂 非常に多くのことがSNSでできるようになっていて、情報が本当に溢れていますよね。大量の情報に惑わされないように"自分らしく"過ごすための情報を選び取りたいですね。

03

中高生500人に聞く「広告と共感」

編集部では第60回「宣伝会議賞」中高生部門に団体応募した全国の中学生・高校生の協力を得て、広告についての調査を実施。その結果と傾向をレポートする。

Q 普段の生活でよく見るメディアを教えてください。（複数回答）

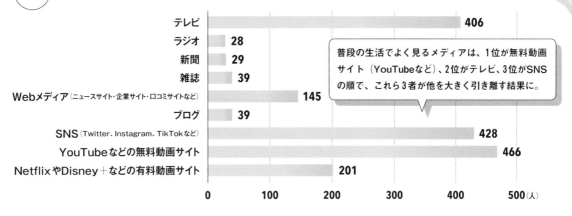

メディア	人数
テレビ	406
ラジオ	28
新聞	29
雑誌	39
Webメディア（ニュースサイト・企業サイト・口コミサイトなど）	145
ブログ	39
SNS（Twitter、Instagram、TikTokなど）	428
YouTubeなどの無料動画サイト	466
NetflixやDisney＋などの有料動画サイト	201

普段の生活でよく見るメディアは、1位が無料動画サイト（YouTubeなど）、2位がテレビ、3位がSNSの順で、これら3者が他を大きく引き離す結果に。

Q 普段どのような広告を目にしますか。（複数回答）

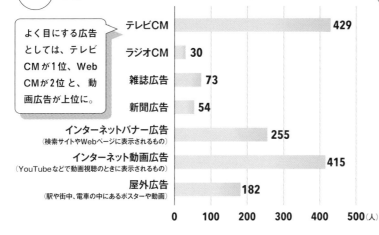

よく目にする広告としては、テレビCMが1位、WebCMが2位と、動画広告が上位に。

広告	人数
テレビCM	429
ラジオCM	30
雑誌広告	73
新聞広告	54
インターネットバナー広告（検索サイトやWebページに表示されるもの）	255
インターネット動画広告（YouTubeなどで動画視聴のときに表示されるもの）	415
屋外広告（駅や街中、電車の中にあるポスターや動画）	182

Q 広告をきっかけに購入した商品はありますか？

広告をきっかけに購入した経験がある人は約4割だった。

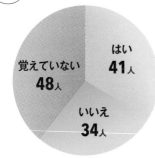

はい 201人
いいえ 330人

Q 最近見た、「いいな」「好きだな」と共感した広告はありますか？

覚えていない 48人
はい 41人
いいえ 34人

「共感した広告があるか」との問いに対しては、「覚えていない」が48人（39%）、「はい」が41人（33%）、「いいえ」が34人（28%）という結果になった。その具体的な広告と理由について、自由記述で回答してもらったところ、特にゲームや食品については具体的な企業・商品名があがりやすい傾向に。またゲームやコンテンツの広告については「もともと好きだから」「推しが出ていたから」といった理由で共感したとの回答も目立った。また自分たちが対象顧客ではない商品についても、ストーリーや演出などクリエイティブの面白さで共感する若年層がいる様子も見えてきた。

調査概要　調査期間:2022年11月7日〜11月11日／調査対象:中学生・高校生／調査方法:「宣伝会議賞」中高生部門に団体応募した中学校・高等学校（全国延べ198校）へアンケート配信／有効回答数:529（うち中学1年生2名、中学2年生60人、中学3年生1人、高校1年生294人、高校2年生68人、高校3年生106人）

※本記事は月刊『宣伝会議』2023年1月号の再掲載

PART 4

6人の若手が考える、これからのマーケティング

消費への価値観やSNSの活用方法など、その性格に焦点を当てられがちなZ世代を含む若年層。しかし、次世代のビジネスの根幹を担うのもまた若年層だ。彼らはこれからのビジネスをどのように考えているのか。6人の若手マーケター、そして起業家の構想を聞いた。

GEN
Z

MARKETING

「ナンバーワン」も「みんな一緒」も求めていない 購買行動と潜在ニーズから捉える Z世代ビジネスの在り方

01

「Z世代向け」と称されて展開される商品・サービスが市場に増えている。それらの特徴はサステナビリティを意識したものや、多様性への配慮を訴えるものなどが多い傾向にある。そんな中、Z世代のZ世代によるZ世代のための商品企画を行っているのが僕と私とだ。なぜ「パーソナル○○」のサービスがうけるのか、Z世代の広告に対する考えとは……。自身の経験とZ世代の価値観から新たなビジネスを生み出している僕と私と代表取締役の今瀧健登氏が考える、Z世代の消費価値観とビジネス観を聞いた。

僕と私と 代表取締役
今瀧健登 氏
Kent Imataki

97年生まれ。横浜国立大学在学中に起業。2020年、新卒で教育コンサル会社に就職。同年に「僕と私と株式会社」を設立し、Z世代向けのマーケティング・企画UXを専門に事業を展開。マッチングアプリ「タップル」の公式TikTokなどの企画を提案するヒットメーカー。一般社団法人Z世代代表。

広告がナンパに見えてしまう 消費の鍵は「友だちマーケティング」

はじめまして。僕と私と株式会社代表の今瀧健登と申します。

1997年生まれのZ世代で、横浜国立大学教育人間科学部を卒業しました。大学では家庭科を専攻し、学校の先生を目指していましたが、ビジネスを勉強したいと思い立って起業を決意。一般企業に就職しながら「僕と私と株式会社」を設立し、現在は独立して4社の経営を兼任しています。睡眠よりも仕事が好きです。

代表を務める「僕と私と」では、Z世代向けの企画・マーケティングを行っています。たとえば、スマホを手放して人と向き合うデジタルデトックスカフェ『HANARIDA原宿店』や、お酒を飲みながらプレイヤー同士の距離を縮める次世代すごろく『ウェイウェイらんど！®』など、僕自身がZ世代だからこそ、ターゲットをZ世代に絞った企画やマーケティングを得意としています。

設立年でメンバーは約30人に。そのうちの9割がZ世代である「僕と私と」では、Z世代に面白がってもらえる企画を生み出すべく、『自分らしさを咲かせる』をビジョンに活動しています。

さて、ここで読者の皆さんに質問です。仮に、あなたが欲しかった商品がお店で1万円で売られていたとしましょう。その場では購入しなかったものの、もう一度気になって数カ月後に同じお店に商品を見に行ってみると、なんと50％オフで売られているのです。この状況に対してあなたはどう思いますか？

「欲しかったものが安く買えてラッキー」と思う人もいるかもしれません。しかし、僕はそんな商品に喜ぶどころか不信感さえ覚えてしまいます。

価格を割り引くことで購買を促したい、いわゆる「価格戦略」をとる意図もわかりますが、ひとりのZ世代消費者視点からすると、商品に不備がある、あるいは元の価格が適正でなく、販売者に裏切られているかのような気持ちになってしまうのです。このような理由のわからない値引きはよくあることですよね。

だからこそ、僕はある商品を欲しいと思っても、その場では買わずに保留する習慣がついています。いまは、SNSやネットを通じて簡単に多くの商品の詳細情報を調べることができ、注文した商品が次の日には届く時代。本当に良い商品かわからないものをその場で購入するのはリスクになるわけです。

これは僕だけでなく、デジタルネイティブであるZ世代全体の購買前習性だと言えます。巷に良い商品が溢れている環境に身を置くZ世代にとっては、商品の背景や詳細な情報を得て、十分に納得してから購入を決めるのがひとつのルーティンなのです。

一方で、数多の選択肢が用意されているからこそ、自分が本当に欲しいものを探すことはZ世代にとっては大変な作業です。そこで企業側は自社のプロダクトを見つけてもらうために自ら広告を出しますよね。

しかし、Z世代的な価値観でいうと、僕はあらゆる広告が街中でよくある「ナンパ」のように見えるのです。

YouTubeを観ているときに突如流れる動画広告や、SNSでタイムラインに挟まって流れてくるネット広告などは、こちらの状況にはお構いなしに僕たちの時間を遮ります。好きなコンテンツを楽しんでいたら、急に現れて自分の魅力をこれでもかと紹介してきたり、「○○業界ナンバーワン！」と、宣伝文句を投げかけてくる。その姿はまさにナンパ師ではないでしょうか。

このような広告コミュニケーションでは、本当に良い商品かを見分けるには信頼性が低く、購入を決定する材料にならないどころか、マイナスイメージを植え付けることになりかねません。

そんなZ世代の判断の頼りになるのが、他の人の口コミです。広告を通じて「この商品は○○が素晴らしいです！」と勧められるよりも、家族や友人から「これ、すごく良かったよ」と紹介されるほうがより信頼性を感じ、思わずその場で「ポチりたい」気持ちになる。

僕はこの、近しい人の意見が直接的な購買の起因になる考え方を「友だちマーケティング」と呼んでいます。Z世代に商品を買ってもらうためには、この考え方が重要な役割を担うのです。

僕たちが探しているのは「自分だけ」の商品・サービス

友人や家族に自分の意見を広めていくには、「自分らしさ」が必要になってきます。

自分らしさとは、自己のアイデンティティです。自分の意見を発信することが当たり前になった現在を生きるZ世代の多くは、この「アイデンティティの確立」を求めているのではないでしょうか。

誰もがスマートフォンを持ち、多様性に囲まれる時代になったからこそ、「自分とは何か」「何のために生きるのか」という自分自身の在り方について考える機会が増えました。さらに、SNS上におけるフォロワー数やいいね数という簡単な数字によって自分への評価や注目度が可視化されることで、「何者かになりたい願望」が加速し、自分だけのアイデンティティを表現したい欲求が強まっているのです。

また、Z世代には「ジェンダー・フリー」の意識も浸透しつつあります。"男性はこうするべき"、"女性はこうあるべき"と男女の区別がはっきりとなされていた時代に比べて、Z世代には恋愛やファッション、生き方に至るまで「誰もが性別に囚われず、自分の好きを大切にするほうがいい」という考え方が一般化してきました。ジェンダーへの考え方も、個々人の自分らしさを尊重しようという思いが根底にあると考えています。

このような「アイデンティティの確立×ジェンダー・フリー」が掛け合わさることで、消費行動により強い影響をもたらすと思うのです。

具体的には、商品を選ぶときに自分のなかで潜在的に「これは自分らしさを表現できるだろうか？」と考えて、購入するかどうかを決めるようになる。しかも、性別の垣根が取り払われたことで、商品・サービスを選ぶ選択肢も広がりました。

近年「パーソナル○○」といった、自分だけにカスタマイズされたプロダクトやサービスが流行しているのも、自分らしさを表現したいという考え方が背景にあるためだと考えています。

また、自分らしさをより強調するのは、「自分だけ」という希少性です。Z世代よりも上の世代を見てみると、友人や憧れのファッションアイコンたちがこぞって所持している流行りのものやブランド品を手に入れることがステータスであり、承認欲求を満たす行為のひとつでもありました。

一方で、Z世代にしてみれば、仮に自分の友だちが10人いるなかで、9人が持っている商品を自分が所持していたとしても、それは自分のアイデンティティには繋がりません。それよりも、10人のなかで、「自分しか持っていない商品」の存在こそが自分らしさの表現に繋がります。僕たちが探しているのは「みんな一緒」の商品ではなく「自分だけ」の商品なのです。

Z世代の価値観と実体験で開拓したメンズネイルという新市場

そこで、僕は「アイデンティティの確立×ジェンダー・フリー」をテーマに、誰もが自分らしさを咲かせられるビジネスをつくろうと考えました。

まず、「ジェンダー・フリー」のマーケットを調べてみると、女性が当たり前に楽しんでいるネイルの領域は、男性も楽しめるような開拓がまだなされていないと気が付きました。そして、実際にネイルサロンへ足を運んでみると、男性ひとりでは入りにくい雰囲気が漂っており、メニューに記載されている専門的な言葉の意味もわからず、

今瀧氏が経営する僕と私とでは毎月、「ぼくわたワーケーション」と呼ばれるワーケーションを実施。写真は北海道での様子。

今瀧氏とグランネスが企画した日本初のメンズネイル「KANGOL MEN'S NAIL」。
2021年、原宿に実店舗をオープンした。

注文するのにも一苦労。

しかし、大変な思いをしながら施術してもらったことよりも強く印象に残ったのが、ネイルが完成した自分の手を見たときの感動でした。見慣れている自分の手が、自分だけのネイルアートに飾られている様子に、これまで感じたことのないような高揚感を感じたのです。

そもそも、ネイルサロンは自分の爪の形や好みに合わせて、カラーやデザインを決め、プロのネイリストに施術してもらうもの。俯瞰して見ると、究極のパーソナライズビジネスだということがわかります。

これは、「自分らしさを咲かせるビジネス」になり得るかもしれない。そう考えた僕は、「男性にネイルを楽しんでもらえるようなネイルサロンをつくりたい」「社会の変化とともにいずれは男性に限定せずジェンダー・フリーのネ

イルサロンに成長させたい」という想いとともに、メンズ向けネイルサロンの企画を決めました。

そして2021年に完成したのが、「KANGOL MEN'S NAIL（カンゴールメンズネイル）』でした。美容師の育成や美容商材の企画・開発を展開するグランネスが運営する「KANGOL SALON」と共同企画し、原宿に初の実店舗をグランドオープン。日本で初めて「シンプルでかっこいいメンズネイル」をコンセプトにしたメンズ向けネイルサロンとして話題になりました。

また、自身の実体験に加えて、周囲のZ世代にヒアリングしてみると、メニュー選びに悩んでいるという声が。そこで、男性が気軽にネイルを楽しめる環境を目指し、店舗ではネイル初心者の方でも簡単にデザインが選べるメニュー表を用意しました。公式Instagramでも、ネイルの完成イメー

ジ画像を投稿することで、顧客がInstagramから写真を選ぶだけで注文ができるように工夫を凝らしています。

Z世代×多様性×アイデンティティ 交わるところにビジネスが生まれる

Z世代の消費行動の特徴をもとにメンズネイルサロンをオープンさせたことで僕がたどり着いたのが、「Z世代は、ナンバーワンよりオンリーワンが好き」という結論です。

先述のとおり、SNSの台頭やジェンダー・フリー意識の浸透によって世の中には多様性が広まり、そこから人々の新たな悩みの種になったのが、アイデンティティの確立でした。

メンズ向けネイルサロン『KANGOL SALON』の企画を通して、時代の潮流によって生まれた「みんなのなかで一番になるよりも、他の誰にもない自分らしさを表現したい」というZ世代独特の願望に、改めて確信を持ちました。

「Z世代」、「多様性」、そして「アイデンティティ」。この3つのキーワードが交わるところには、今後も新たなマーケットやビジネスアイデアが生まれるのではないでしょうか。

最後に、Z世代が社員の9割を占める「僕と私と株式会社」は、今後もZ世代について探りながら、そのビジネスの中心となっていきたいと考えています。

「餅は餅屋、Z世代はZ世代」というように、Z世代ビジネスについて語るとき、僕と私と株式会社を一番に思い出してもらえることが今後の目標のひとつです。

そして何より、代表である僕自身が自分らしさを追求することで、自分らしくありたい人々のロールモデルとなりたいと思っています。

「僕と私と」は、Z世代を盛り上げ、そして誰もが自分らしく生きられる世の中を目指して、今後も事業を咲かせていきます。**Z**

02

タイトルの「P」の意味は、
最後まで読んだ人にしかわからない

YとかZとか置いといて、昨日こっそり食べた「P」が知りたい

共感の生まれ方やモノの買い方など、あらゆることへの考え方がこれまでの他の世代と異なると言われるZ世代。その考え方の変化に影響を与えているのがSNSという存在であることは、本誌を読んでいてもわかるだろう。情報の発信も受信も容易になったこの時代、彼らはどのように受信する情報の取捨選択を行い、一方で発信する情報を選定しているのだろうか。表面をさらっただけの知識ではない生の声を、スマイルズで外部案件のリブランディングなどを担当する津田ひかる氏に聞いた。

スマイルズ
プロジェクトマネージャー
津田ひかる氏
Hikaru Tsuda

1996年兵庫県生まれ、パキスタン・ベトナム育ちの一人っ子。慶應義塾大学環境情報学部でパターンランゲージや社会学、コミュニケーションデザインを学び、卒業。2019年スープストックトーキョーに新卒入社し、店舗勤務を経て、翌年スマイルズクリエイティブ本部へ。現在は大手企業のコンサルから業態開発、干し芋のリブランディングまで、外部案件のプロデュースや企画を幅広く担当。スマイルズ公式noteでは「ずうずうしい日記」を過去連載。

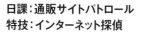

日課：通販サイトパトロール
特技：インターネット探偵

電車に揺られているとき、半身浴をしているとき、ソファでのんびりしているとき。「あんたまたスマホばっかりー」と母親にぼやかれながらわたしが何をしているのかというと、ひたすらにファッションやインテリアの通販サイトのパトロールです。

お給料が入ったら何を買おうか、それを考えている時間が、わたしのなによりの楽しみ。"Z世代はモノを買わない"と言いつつ言われつつ、いつの時代も変わらずみんなお買い物は好きでしょ？ だってめちゃくちゃ楽しいじゃないですか。

一方で、商品の情報を得るプロセスは時代とともに変化しているように思います。パトロールでココロときめく商品が見つかれば、スマホをなぞる指はさらに加速。通販サイトを飛び回って似た商品を怒涛のように比較したり、無数の口コミを熟読したり。その姿はさながら探偵。ある商品・サービスに一度恋に落ちると、インターネットを駆使してあらゆる周辺情報を手繰り寄せてしまうのは、Z世代の特徴でもあるデジタルネイティブならではの特殊能力なのかもしれません（笑）。

商品・サービスの提供者と生活者もはやゼロ距離説

わたしは普段、スマイルズのクリエイティブチームで外部案件のブランディングやプロデュース・コンサルティングのお仕事をしているのですが、その中で仕事とプライベートをゆるやかにつなげていたいという感覚があります。

日常生活で起こる自分の気持ちの

津田さんのInstagramアカウント。

ゆらぎや行動を素直に俯瞰し、その感覚で企画を見返す。商品・サービスの提供者としての自分と生活者としての自分を行ったり来たりしています。

このような行動を繰り返していて思うことは、実際に商品・サービスの提供者（出し手）と生活者（受け手）の距離は、どんどん縮まっているのではないかということです。発信源はテレビの中の芸能人からSNSで活躍するインフルエンサーへ、そして「セルフ女子」という言葉があるように、今や自分をプロデュースし発信することは当たり前。誰もが情報の出し手となり得る現在はいわば"全員インフルエンサー時代"とも言えるのかも……。ということは、究極的には出し手と生活者はイコールであり、誰も発信力を持たないのかもしれません。

インターネットの普及により情報の非対称性も減っていく中、私たちは出し手として、どのように商品を売って

いくべきなのか。それを考えるということはつまり、生活者として、なにを選ぶのかを考えるということになるのだと思います。

有象無象の情報に浸った結果、信じられるのは"自分の目"

ネットの波に乗り続けていると、次第に出し手側の一方的な思惑に敏感になっていくものです。「#PR」の表記がなくてもインフルエンサーのPR案件を見事に嗅ぎ分け、なんだか興ざめしちゃったり（笑）。

有象無象の情報に浸った結果、最後に信じられるのは結局のところ、自分の目だと気づく。ここまで散々ネットで検索しておいて元も子もないようですが、膨大な情報を見聞きするからこそ、自分の感覚が研ぎ澄まされていくのではないでしょうか。

実際、隙あらばオンラインサイトを見ている私ですら、そのままネットで

購入することはほとんどありません。できる限り実店舗に足を運び、実物を見て購入します。商品写真の撮り方ひとつで何とでも"いい感じ"にできることを知っているし、口コミだってあくまでもその人の意見でしかない。

マッチングアプリで何日間もかけてチャットをするより、ひと目会ってしまったほうがいいのと同じで、自分の目で見たその一瞬でわかる。"バイブスが上がる音がする"みたいな感覚です。心臓が高鳴ったり、初めて会うのに安心感があったり。「この人だ」という謎の確信を感じるかどうか、実際に会うことで確かめるんです。

逆に言えば、実際に会わない限り「気になる人止まり」になりがち、ということになります。

「共感」は香水のようさりげなくセクシーに忍ばせたい

とはいえ、ひとりの生活者として、

［図1］縮まりつつある情報発信者と受け手の距離

当初はテレビや雑誌などのマス媒体に登場する芸能人や著名人が情報の発信源として力をもっていたが、SNSの普及により新たな情報発信源のインフルエンサーが登場。現在は個人としての発信力も強まっているため、受け手だった生活者自身が発信者になる現象が起きている。

［図2］共感を生むきっかけは事実にある

共感は企業がつくるものではなく、商品・サービスがもつ事実が前提にある。事実が生活者にとっての価値を生み、価値が共感を生む。

常に自分の感性において価値を感じるものを選びたい。出し手としては、生活者にとっての価値をつくらなければならないし、ネットの波にのまれてもなお、「これがいい」と選ばれる理由が必要です。出し手が魅力的だと思っていたことが、生活者にとっての価値ではなかった、というのはついやってしまいがちな勘違い。

以前、私が担当した干し芋のブランディング案件を例にして考えてみます。

クライアントの方は原料の薩摩芋を"茨城の自社農場でつくっていること"が一番の魅力だと考えていました。たしかに業界内で農園を持っているブランドは少ない。その上、慣行栽培が当たり前の薩摩芋農業において、自然栽培を実現するべく10年をかけて土づくりを行うこだわりは業界内でも圧倒的です。

ですが、ひとりの生活者として正直に言うと、同じ茨城県産であればそれが自社生産か他社生産かによる違いはよくわからないし、そもそも薩摩芋に不健康なイメージが少ないため、農法のこだわりが直接購買の決め手になる

のは難しく感じます。

でも、「まず見た目がおいしそう」「そして食べてみるとおいしい」という事実が前提にあって、その後に栽培へのこだわりを知ると、「なるほどだからおいしいのか」と共感が生まれる。

共感を生むきっかけはプロセスへのこだわりだけでなく、つくり手の人柄やSDGsのような環境への配慮など様々ですが、どれも生活者にとっての商品価値があった上での最後のひと押しになると途端に効いてくるのではないでしょうか。共感は香水のよう。去り際にふんわり香る、くらいが一番素敵なのです。

「なんとか世代」
なんていうから見えなくなる

出し手として企画をするために、まず自分が欲しいものをベースにしてみるという考え方をスマイルズでは「N＝1」と呼んでいます。Nはアンケートや統計調査の母数を指すわけですが、ペルソナのような「こういう属性の誰かには選ばれるだろう」という推

測ではなく、自分や周りの具体的な誰かには確実に刺さるシーンを描くということです。

もっというと、表面的なニーズではなく、消費者一人ひとりのリアルなホンネに寄り添うのが重要です。誰しも表向きの顔とリアルな顔には少し乖離があるもの。わたしだって夜中にこっそり食べたポテトフライや、つい脱ぎっぱなしにした靴下はインスタグラムに載せません（笑）。

そういったN＝1のホンネを捉えるためには、その人の言動やそこに至るまでの心の機微をキャッチする必要があります。誰かのN＝1のホンネは当然目には見えないし、聞こえてくることも稀です。本人ですら自覚していないこともあるんですから。だからこそ丁寧に観察し、豊かに想像しなければなりません。

YとかZとかより、昨日、自分がこっそり食べたP（ポテトフライ）に着目をする。「○○世代とは、こうである！」なんて大きな枠にはめて、見えるはずのホンネも取り逃してしまわないよう注意、ですね！♡ **Z**

03

モノとサービスでは消費への判断軸も異なる

"トキ"という体験価値を売るテーマパーク コンテンツの多様化が広がる 今だからこそ「リアルな体験」の価値を高める

テーマパークで提供できる価値とは「体験」そのもの。パークの世界観やアトラクションになっているコンテンツのストーリー、利用後の余韻など、リアルな体験を価値として顧客へ届けてきた。しかし、コロナ禍では不要不急とも称され、厳しい状況も経験。そんなコロナ禍の2020年に入社した白石彩華氏は、どれだけ時代が変わっても「リアルな体験」がサービスの消費の軸を担うのではないかと話している。デジタルネイティブでもあり、Z世代でもある白石氏がなぜ「リアル」を重視するのか、その消費価値観とビジネス観について解説する。

ユー・エス・ジェイ
マーケティングコミュニケーション Brand PR

白石彩華 氏
Ayaka Shiraishi

2020年4月に入社。パークの認知訴求やブランド構築につながるPR戦略を担うマーケティングコミュニケーション部 Brand PRに配属。スーパー・ニンテンドー・ワールドやシーズナルイベント、中長期施策など、複数の施策を担当している。

長く使う商品には「確実性」を、消費財には「手軽さ」を重視

私は入社当時から、マーケティングコミュニケーション部 Brand PRに所属し、ユニバーサル・スタジオ・ジャパンの認知訴求とブランド構築につながるPR戦略を担っています。現在は3年目で、上司の皆さんやチームメンバーのサポートをいただきながら、2021年3月にオープンした「スーパー・ニンテンドー・ワールド」やシーズナルイベントなど、各種施策のPRを担当しています。

メディアやゲストのインサイトやニーズを分析し、戦略的に「取材・露出の必然性」を生み出す。そして、テレビやWebニュース、雑誌などのメディアを通してパークの魅力を発信することで、消費者の心を掴み、動かし、来場意向の向上を目指しています。

Z世代である私を企業やブランドのPR担当としてではなく、ひとりの消費者として考えたとき、私は"モノ"と"サービス"のどちらを購入するかによって、消費に対する意識が大きく異なっ

ていることに気がつきました。

まず"モノ"の購入においては、デジタル化が進み、認知経路や購入プラットフォームが増加している中で、いかに「効率よく購入できるか?」という消費者のニーズが年々高まっていると考えています。私自身もそうです。

私はファッションへの興味関心が高いので、衣類やアクセサリーなど、自分のこだわりが強いものについては「確実性 > お得さ ≧ 即時性 > 手軽さ」の順で判断し、実店舗とオンラインの両方をうまく活用しながら、自身が納得できる「失敗しない」購入を目指しています。

購入までの流れとしては、まず実店舗で直接、商品の品質やサイズ感、色合いなど、Web上だけでは決断できない視点で、自身にマッチするかを確かめます。その後、ECサイトにおいて、価格の優位性やポイント還元率が高いサイトなど、コストパフォーマンスを重視し、購入の意思決定を行います。

一方で、洗剤などの日用消費財に関しては、「手軽さ ≧ 即時性 > お得さ > 確実性」の順で判断していて、購入に

かける移動時間、持ち運ぶ労力なども含めた「コストパフォーマンス」を重視しています。

すぐに使い切ってしまうことの多い消耗品は、洋服などの長く使うものとは違って、「いつもと違う商品を買って試してみる」という"挑戦的な消費"もできると考えています。日用消費財には、「この商品が絶対に欲しい!」という執着は低いかもしれません。

私の場合、例えば洗剤や柔軟剤であれば、CMやプロモーションで心に残ったものや、パッケージを見て自分が興味関心を持った商品をセレクトし、実際に使ってみて、「なぜ自分はこの商品をセレクトしたのだろう?」「実際に使ってみてどうだっただろう?」と自己分析しながら、様々な企業のマーケティングやコミュニケーションについて考える機会にすることも多いです。

©Nintendo

「スーパー・ニンテンドー・ワールド」開業1周年アニバーサリーの様子。

サービスは"無形"、だからこそ体験で得られる「感情」が大切

逆に"サービス"の購入は、"モノ"の購入と全く考え方が異なるのではないでしょうか。"サービス"は無形であるために、多くの人はその体験で得られる「付加価値」が"モノ"よりも重要視される傾向があると思うのです。

私は、「利用して便利」というような機能的な体験だけではなく、五感で感じて記憶に残る「感情」が大きな付加価値になると考えているので、一概にコストパフォーマンスだけでは購買を判断していません。

「宿泊」で例えると、価格、ロケーション、アクセス、施設のクオリティや雰囲気、食事やサービスの質など、求める体験価値が多岐にわたるため、消費者が購入を決定する上での判断基準が"モノ"以上に広がるのではないかと思っています。その中で、自分が求める付加価値が、サービスを利用するこ

とでどれだけ得られるかを最も大きな判断基準としているのです。

日進月歩のデジタルテクノロジーにより、情報源も多岐にわたっている昨今、消費者の選択肢は広がりを増すばかりです。そんな中で私がモノ・サービスをセレクトするときは、時代の変化に適宜対応しながら、自分なりの軸を持って最適な意思決定をしていきたいと思います。

デジタル技術の革新が進んでも「リアルな体験」提供が鍵になる

一方、自分自身がモノ・サービスを提供する立場にあるときに意識していることは「リアルな体験」を届けることです。

コロナ禍などの影響をはじめ、デジタル化が加速し、コミュニケーションは、ますます多様化・複雑化していくと考えています。メタバースやバーチャルなど、新たな魅力的な体験も拡大しつつありますが、人々が最終的に求

めるものは、「リアルな体験」なのではないでしょうか。

私自身、この2年間を振り返って改めて思うのは、やはり見て、触れて、感じる、「五感」を刺激したリアルな体験の方が、自身の記憶に鮮明に残っているということ。リアルな体験は人々のコミュニケーションの原点であり、また人間にとっての本能的欲求なのかもしれません。時代がどれだけ変化しても、人々にとって必要不可欠なものであり続けるのでは、と思います。

デジタル化に伴う情報量の爆発的な増加、消費者にとっての選択肢の増加があるいま、"無形"のサービスにおいても独自性を持った選ばれる理由をつくることがが喫緊の課題でありながらも、一方で無形だからこそ、無限の可能性もあると考えています。

これからさらに世に出てくる新しい世代は、いまZ世代と呼ばれる私たち以上にデジタルが常に身近な存在とな

パワーアップバンド・キーチャレンジ
「とめろ！パックンフラワー・アラームパニック」。

るでしょう。デジタル化が進歩すればするほど、"目が肥える"ではないですが、消費者がサービスやエンターテイメントに求めるハードルは高くなっていくと思います。

前述した通り、リアルな体験へのニーズはなくならないと考えているので、消費者の期待を上回るような体験価値の提供は、まだまだ可能性を秘めていると思います。その「可能性」をしっかりと「可能」にするためには、これまで以上に消費者との「共感」が重要になってくるのではないかと考えているのです。

私たちが扱う「テーマパーク」という商材は、"モノ"ではなく、形のないサービスである"トキ"という体験価値を売っています。単純にゲストにコンテンツの魅力を訴求することはもちろんですが、その体験を通して得られるエンドベネフィットにまで深く共感してもらうコミュニケーションを意識することで、目が肥えた消費者にも響き、リアルな体験へと足を運んでくれると考えています。

私たちZ世代は、幼少期からSNSなどのデジタルメディアに触れる機会が多く、コンテンツに共感し、共有、発信するという情報収集能力や発信力が高い世代です。コンテンツが多岐にわたるがゆえに、流行の盛衰のサイクルも速い。

そのため、ただテーマパーク内のアトラクションやコンテンツについての情報を発信するだけでは「共感」は生み出せないのです。

そのようなZ世代の特徴を考慮すると、これからのブランドPRに求められることは、速いスピードで変化していく彼らの情報源やトレンドを適宜リサーチし、その時に最適なコミュニケーションを図ることなのだと思います。そのうえで、消費者のエボークトセットにいかに入り続けていくかが大切になるのではないのでしょうか。

私であれば、例えばYouTuberなど、親しみやすいインフルエンサーからの推奨に影響される傾向が見られるように、過度でおおげさなプロモーション手法も交えながら、日々試行錯誤を続けています。まだ最適解は見つかっていないのですが、いかに消費者の脳内でリアルに自分ごととして受け入れられるか、同世代の傾向を引き続き追求し、「共感性」を高めるコミュニケーションをお届けしていきたいと考えて

います。

テーマパークだからこそ提供できる役割で世の中を超元気にしたい

ユニバーサル・スタジオ・ジャパンは、日常を忘れ、リミッターを外して解放し、超元気になれる唯一無二の場所であると自負しています。これからも「世界最高のエンターテイメントを集めた場所」だからこそできる限界のないアイデアやチャレンジ精神で「NO LIMIT!」な挑戦を続け、ユニバーサル・スタジオ・ジャパンに来たら「日常を忘れて超元気になれる」というベネフィットの共感性をもっともっと高めていきたいです。

Z世代はもちろん、幅広い世代の方に余暇の使い方としてユニバーサル・スタジオ・ジャパンを選んでいただき、実際に体験いただくことで、1人でも多くの方に「超元気」になっていただければいいなと思います。

また、入社したことで、ユニバーサル・スタジオ・ジャパンから生まれる様々な社会的価値や、周辺コミュニティに与える影響度などが想像以上に高く、かつ多岐にわたることを知りました。テーマパークは、ひとつの「街」みたいなものです。例えば新しいアトラクションやエリアが登場して、ユニバーサル・スタジオ・ジャパンに人が集まると、周辺ホテルや交通インフラなどにも影響がありますし、遠方から来場される方が多くなればなるほど、大阪や関西、そして日本全体の経済活性化にもつながります。

雇用の創出やステークホルダーとの関係性の構築、社会貢献など、テーマパークだからこそできる社会的役割もあります。ゲストに笑顔をお届けすることはもちろんですが、パークが起点となり、世の中を超元気にできる存在であり続けたいと思います。 **Z**

ミレニアルから見ると?

売っているのは社会に"なくてもよいモノ" 「機能」以外の"+αの価値"、 「情緒」に訴えかけるマーケティングをしたい

04

たばこは、そのにおいや受動喫煙による健康問題などが足かせになり、「社会になくてもよいモノ」と捉えられている。プロモーションにおいてはマス広告も打てず、大々的なイベントも企画できない、いわゆる「マーケティングの生命線」を断たれたような商材だ。そんなたばこ市場の新たな主戦場となっているのが加熱式たばこ。しかし、健康志向の高まりを見せるZ世代。彼らにアプローチするためにはどのような戦略が必要なのだろうか。JTの主力ブランド「Ploom TECH」シリーズのブランドマネージャーを務める黒髪氏が考える「情緒的価値」を訴求するマーケティングについて聞いた。

JT 日本マーケット商品企画部
ブランドマネージャー
黒髪 祥氏
Sho Kurokami

2016年にJTに入社。2年目にして火を使わず灰も煙も出ないたばこ「SNUS」のブランドマネージャーを経験。加熱式たばこ「Ploom」のPR担当を経て、現在「Ploom TECH」シリーズのブランドマネージャー。

**Z世代消費者の生活
「個性」がひとつのテーマだと思う**

私は、JTにて加熱式たばこ「Ploom」ブランドのPRを担当、今年1月より「Ploom TECH」シリーズという加熱式たばこのブランドマネージャーとして働いています。

嗜好品である「たばこ」は、喫煙規制や健康意識の向上などの時代の移り変わりと共に新しい形に進化しています。私はその加熱式たばこを現代の嗜好品として世の中に発信する役割を担っていると感じています。

「Z世代がマーケティングを語る」というテーマですが、私はZ世代ではなく、ミレニアル世代です。しかし、これからブランドをより成熟させ、長く選び続けてもらうためには、Z世代以降の顧客を理解することは必要になると考えています。

Z世代というと、物心ついたころからデジタルネイティブとして生きてきた世代。SNSが身近に存在し、常に不特定多数の人へ向け発信し、自分を魅せることが1種の習慣になっている世代だと思います。今のZ世代に学校で人気な要因として「フォロワーが多い人」というのが挙げられるそうです。

そうやって、リアルだけではなく、デジタル上にもう1人の自分がいることが当たり前で育ってきました。常に誰かに見られている、よく見せたいという社会性を意識する世界で育ってきたこの世代は、どこか「個性」や「自己表現」といったキーワードを背負いながら生きていると感じています（**図**）。み

んなと同じであることを嫌ったり、一方で自分の好きな人の意見には傾聴したりする特徴もこのような背景から来ているのではないでしょうか。

**「無駄」なことにお金をかけたい
便利な社会だからこそ、不便を選ぶ**

それでは自分自身は、消費者として

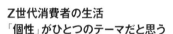

[図] 自己の表現を見据えながら消費を選択する

何を選ぶ？

何を買う？

消費の先に
見据えるもの

「どんな自分になりたいか」
「消費でどう自分を表現したいか」
「どうしたら個性を出せるか」

は、どういう観点でモノ・コトを選択してるのだろうかと考えてみました。

私自身、モノやコトの消費におけるキーワードは「あえてアナログ。今の便利な社会では不必要なもの」かと思っています。

自論ですが、Z世代は購買における多くの意思決定に「コスパが良いか否か」が絡んでいると思っています。ここでいう「コスパ」とは「自分がお金や時間をかける対価に見合っているか否か」ということです。

このコスパのハードルが他世代より非常に高く、デジタルネイティブであるZ世代は、ありふれた情報を取捨選択し、無駄なことは極力したくないというマインドが幼い頃から形成されているのではないかと考えています。そして、情報の取捨選択を後押しするものが、サービスや知人友人、フォローしているインフルエンサー、どこかの知らない趣味嗜好が合いそうな人など多岐に渡るのではないでしょうか。

例えば、美味しいイタリアンが食べたい時。Z世代はSNSやアプリでその店の評価、場所、営業時間など様々な情報を一気に取得し、おそらく「このお店なら間違いない」であろう店を選択します。行き当たりばったりでお店に行ってみる、なんてことをする人は少ないのではないでしょうか。

話がそれましたが、ミレニアル世代である自分に置き換えてみると、前述のZ世代の行動とは真逆の消費行動をとっていると気がつきました。無意識にコスパを重視し、情報を取捨選択している一方で、あえて「無駄」だと思えるモノやコトを消費しているということです。

私の場合は、あえて行き当たりばったりでお店に入ってみる。ハンドメイドの唯一無二の家具を買ってみる。デ

ジタルではなくフィルムカメラを買ってみる……など、どれも現代の便利であふれている時代には必要のないもののように思えるモノやコトをあえて選択しています。その選択を後押しするのが、自分がSNSなどでフォローしている素敵な方々や、ネットに落ちている自分の感性にあう情報です。

なぜこのような消費行動をしているのか。理由を私なりに解釈すると、「情報にあふれ、便利になりすぎているこの社会で生きていく上で、あえて"不便"を享受することで一種の心の豊か

さのようなものを得ているのではないか」と考えました。

この消費行動は、前述のZ世代の特徴である「個性」や「自己表現」を、意識せずとも消費においても気にかけているということの裏付けになっているのだと思います。

つまり、「個性」を重視した消費行動は、Z世代に限らず私のようなミレニアル世代などのその他の世代にも言えることであり、現代日本の生活者の消費の在り方として存在しているのではないでしょうか。

黒髪氏が担当した渋谷・原宿エリアで開催された加熱式たばこブランド「Ploom」のPOPUP。開催直後に即完売する商品もあったという。メディアでも取り上げられ、話題となった。

「機能」以外の"＋αの価値" 「情緒」に訴えかけてみる

消費者としての自分自身と、現在の生活者の価値観を述べてきましたが、ここからはモノを売る立場の自分の価値観を考えてみます。

私がPloomの企画者として意識することは、この便利で技術の発達した社会において、差別化の取りづらい「機能や利便性」以外の魅力をどう伝えるかということです。この「機能や利便性」以外の魅力という、商品の"＋αの価値"をどう伝えていくかが肝になってくると私は考えています。

そもそもコスパ思考のZ世代にとって嗜好品とは、"なくてもよいもの"と捉えられ、真っ先に省かれがちなカテゴリー。そんな世代の人たちに魅力的に思ってもらうために、私が企画者として意識していることは次の3つです。

❶「情緒的価値」を伝えること

情報に溢れている世の中において、Z世代は膨大な情報を無意識的に取捨選択しています。その中で「機能的価値」という情報が消費において担っているのは、彼らが自分で取捨選択した上で「この商品は必要or不必要」を決めるひとつの判断軸としての役割。だからこそ、購買につなげるための"＋α"として重要なのは「機能」だけでなく「情緒」を伝えることだと思うのです。

「情緒的価値」の訴求について、これ！といった正攻法があるわけではありません。情緒には、例えばたばこに付けるお気に入りのアーティストのアクセサリーや、友人が使っているたばこなど多岐に渡りますし、その価値は必ずしも1つではないと感じています。

❷企業のエゴを推すのではなく、 社会にフラットな姿勢を心がけること

情報の取捨選択に敏感になっているZ世代には、メーカーエゴの発信は嫌厭される傾向にあります。つまり、情報を鵜呑みにするのではなく、様々な側面から俯瞰し、それらを自分ゴト化をして考えているのです。

例えば、洗剤Aで「99％汚れが落ちる」というメッセージを投げることと、その情報を第三者が実体験として「洗剤Aを使うと汚れがほとんど落ちた」と伝えたとします。同じことを言っていたとしても、Z世代はおそらく後者の方に傾聴するのではないでしょうか。なぜならメーカーによる性能情報の押し付けではなく、消費者としての意見の方がフラットで公平なものだとどこかで感じているからです。

❸魅力に感じてもらえるような 多種多様なTipsを盛り込むこと

Z世代に限らず、今の社会で消費者に刺さるポイントは千差万別です。そのような生活者の変化に対応するために、私は画一的なコミュニケーションではなく、十人十色の多岐に渡るコミュニケーションをすることを意識しています。100人いれば100通りの刺さるポイントが異なる。一気にマスを囲う施策をやるのではなく、優先順位をつけつつ、スモールマスに継続的にアプローチするのです。

私が過去実施した施策でいうと、昨今のアパレルストリートブランドの人気に着目してPloomとのコラボを実施しました。「自己表現」や「こだわり」を強く押し出すストリートブランドとのコラボによって、Z世代をはじめとした若年層を含め、大きな反響があったことも現在の企画に役に立っているポイントです。

前述の通り、Z世代とはまさしく膨大な情報社会を「自己実現」「自己表現」という課題に向き合いながら生きてきた世代です。彼らに魅力的だと思ってもらうためには今まで以上に一筋縄ではいかないマーケティングになると感じています。

だからこそ、今まで以上に消費者として、そしてマーケターとして日々ストイックに活動できたらと思います。 **Z**

クラフトジン（紅櫻蒸留所）とのコラボ。これまでも「たばこにウイスキーが合う」と言われてきたが、加熱式たばこが普及し、そのような掛け算が少なくなったという課題があったという。加熱式たばこの情緒価値の最大化と嗜好品としての位置づけの魅力を伝えることが目的。

05

起業のきっかけは大学の授業

生産者の「想い」で心を動かす 営業がない企業の代表が考える 新たなビジネス観とは

生産者がつくったモノに対する価値の対価として金銭が支払われる消費活動。しかし、モノを買う人は、単なる機能に対してお金を払っているわけではないかもしれない。そんな考えから、モノの背後にある物語と、そのモノを人に届ける「情熱」を重視するdotの冨田侑希さん。Z世代だからこそのモノに対する価値観を踏まえた、Z世代で構成される同社の新しい企業活動とは。

イノベーションチームdot / dot 代表

冨田侑希 氏
Yuki Tomita

1996年生まれ。千葉県出身。大学3年時に学習院大学客員教授の斉藤徹さん(起業家)の授業をきっかけに、Z世代が集まる自主ゼミ「チームdot」で活動を開始。2017年の株式会社化に際し、21歳で代表に就任。dotの由来である「draw out our talent ～みんなの才能を引き出しあおう～」を実現すべく、日々意欲的に活動中。

組織運営で最も心掛けることは ありのままの自分でいられるか

私は大学3年の時にたまたま受けた起業家の先生の授業がきっかけで、学生時代に思いがけず起業することになりました。現在もZ世代の同世代の仲間たちと幸せ起点の組織づくりに励んでいます。コミュニティ名でもあり会社名でもある"dot"は「draw out our talent ～みんなの才能を引き出しあおう～」という想いが込められたもの。一人ひとりは小さいけれど多様な個性・才能が集まることで、ハッピーなイノベーションアイデアが、ぽこぽこ生み出されていくような学びの場を目指しています。

dotの主な事業のひとつに、Z世代について課題を抱える企業・ブランドの課題解決や新商品提案やファンづくりを行う「Z世代会議」があります。これまでの活動として、セブン-イレブン・ジャパンやアサヒ飲料、パナソニック、講談社などの企業や行政とコラボし、Z世代の理想の未来に向けた商品企画や施策を共創する取り組みも行ってきました。

運営する中で最も心がけていることは、誰もがありのままの自分でいられる安心安全な組織の土壌(dotでは"ツチ"と呼んでいます)を耕し続けること

です。「ありのままの自分でいる」ことは、Z世代生活者が大切にしている価値観のひとつでもあります。Z世代が集まって運営している組織には、重要な理念です。その中で、dotは「Z世代の人生をデザイン」するような存在になれたらと思っています。

つくり手の想いや開発ストーリーに 強く心が惹かれる

そんな組織で代表を務める私は一人の消費者として、手づくりのものにとても惹かれます。つくり手の独特な感性や、人のぬくもりを感じるとビビッと来るのです。

商品との偶然的な出会いも好きです。例えばお店で素敵だなと見ていたら、「実は私がつくったんですよ」と教えてくださったり。そして、つくり手の方が直接販売し、開発ストーリーや想いを共有してくださると、自分にとっても特別なものになり、記憶に鮮明に残ります。

つい、この間も新宿の駅で限定ショップを見かけて立ち寄ったところ、余った革を活用して革細工で小物を手づくりしている方や、また別の日にも、海で拾い集めたゴミや海洋プラスチックを使ってアクセサリーを手づくりしている方、世界中の素材を集めてグッ

ズを手づくりしている同世代の旅人の女性の店員さんと出会い、心を惹かれました。つくり手の人となりや人生観、商品のバックグラウンドのお話を聞くことができると、その人たちのことを今後も応援したくなります。

また最近、長野県の辰野町という地域で出会った薬膳料理を作っている農家の方のファンになり、弟子入りを本気で考えるほど魅了されてしまいました。その理由は、薬膳料理が美味しかったというのももちろんですが、そのおばあちゃんが健康的な食生活についての豊富な知恵を熱く語ってくれたのが心に刺さったのです。

実際に料理する過程も体験したのですが、自分で愛情を注いで育てた無農薬の野菜に、自ら視察に行き納得して購入した体に良いコメ油を調理に使用する。旬の野菜を仕込んで冷凍庫にストックし、一番美味しい状態のものをお客さまに提供できるように準備して、仕上げの盛り付けまで食べる人のことを考えて丁寧に飾り付けをする……。細部までこだわり抜いていて、カッコ

いいなと憧れを抱きました。

このような自身の体験と想いを振り返ってみると、Z世代の私は消費において、目の前にあるモノやサービスを通じて、つくり手の人たちの魂や、地球とのつながりを感じられることに喜びを得ているのかなと思います。商品には、つくり手ごとに強い想いが込められているもの。巡り合えたことへの感謝の気持ちを大切にしていきたいです。

「情熱」から生まれたものが人の心を動かすと信じている

前述で「つくり手」の想いについて話しましたが、商品やサービスをお客さまにお届けするときには「情熱」に勝るものはないのではないかと感じています。誰かにこう思われたい、買って欲しい、と相手に何かを求めること（＝戦略を立てること）ではなく、自分がワクワクしているという内発的な動機、内側から湧き出てくるものから生まれたものは、結果として誰かの心にも響くものとなるのではないかと考えます。

例えばdotでは「カラフるサービス」という事業があるのですが、そのひとつにグラレコ※というサービスがあります。これは、絵を描くことが生きがいのように好きで、自分の好きなことで誰かの役にも立つことができたらこれ以上に嬉しいことはないという一人の学生メンバーの情熱から誕生しました。

描きたい、楽しい、絵でもっと社会に貢献したい！という本人たち（つくり手）のワクワクする気持ち・想いが、周りの方達とも共鳴しあい、多くの方に応援していただきながら、ワクワク走りながら進化していったような感覚がありました。

グラレコを利用したお客さまからは「これまで一生懸命時間を割いて準備し、チーム一丸となって取り組んでくれたから、社内でもいい刺激になった」と声をいただいています。

冨田氏が経営するdotをはじめとして3社が運営する「Z世代会議」。ソーシャルネイティブの若者たち自らが中心となって、Z世代の価値観、ライフスタイルを研究し、企業とともに新たなサービス・製品を創発するためのプロジェクト。上が実際のグラレコの画像。

今では海外の有識者重要な会議で英語グラレコを実施できるほどレベルアップしている事業です。このチームはどこまでいくのだろうと期待してくださる方もいらっしゃいます。つくり手の「情熱」がお客さまの心を動かせることの証明です。

生産者として「売る」ことではなくチームが夢中になることを考えたい

dotの誕生ストーリー自体もそうですが、dotから誕生するサービスやプロジェクトは全てZ世代の1人の情熱から生まれています。1人の情熱から、ワクワクするイノベーションアイデアが生まれ、ハッピーな未来を描いていけるんだということを私たちは信じています。色とりどりの才能が発揮され成長していく様子も、ロゴのデザインに込めて表現しました。1人の情熱の偉大さを実感しています。

dotでは、8つのカルチャーを仲間たちと共有しています。「ワクワク主義」「学びドリブン」「走りながら進化する」「素のまんまトーク」「オープンな文化」「シェアド・リーダー」「誰もが主人公」「疲れたらやすもう」がそのカルチャー

です。これは自分たちの失敗体験や危機からその都度学んできたことでもあります。

企業とコラボさせていただく際にも、まず担当者の情熱を引き出し、オープンに悩みを打ち明けてもらい、あだ名で呼び合いながらフラットにZ世代と本音で語り合い、一緒にワクワク熱狂してプロジェクトを育てていけるように設計し進めています。そこでも常に意識しているのは、Z世代メンバーの一人ひとりの目が輝いているかどうか。Z世代当事者たちが心から共感し、燃えたとき、ものすごいエネルギーが発揮され、どんどん自走していきます。

私は生産者としては、何かを売ろうと考えたことはありません。そこでdotにも営業という活動がありません。自分自身がワクワクして仕方がないことに夢中になること、仲間の目がキラキラ輝くことを考え続けます。

大学の授業で出会ったdotの生みの親でもある起業家の先生（斉ише徹さん）が最初の授業で「経営の本質は人を幸せにすること」とおっしゃっていました。その言葉を胸に今日もワクワクの種を探していきたいと思っています。 🅩

※会議やイベントの内容をリアルタイムにイラストを用いて視覚的にまとめる議事録のこと。

Z世代がブランドパーパスを重視する理由とは？

化粧品が「美の押し付け」にならないために メッセージ発信のときは 常にダイバーシティへの配慮を忘れない

06

化粧品は「美の提案をする」という特性上、美しさの正解を一方的に決めつけてしまうという危険性をはらんでいる商材。多様性への配慮が当たり前になったZ世代にとっては、伝え方次第でブランドの魅力を低下させてしまいかねない。ポーラのメークブランド「ディエム クルール」の企画・開発を担当しているZ世代の石崎眞里奈さんが考える、「美の押し付け」にならない化粧品のコミュニケーションについて考えを聞いた。

ポーラ ブランドクリエイティブ部

石崎眞里奈 氏
Marina Ishizaki

2019年ポーラ入社。商品企画部（現ブランドクリエイティブ部）にて、1年目からポイントメークブランド「B.A カラーズ」の商品企画を担当し、主にメーク品開発を担当。現在はメークブランド「ディエム クルール」の商品企画を担当し、フェアリージャパン POLA 美容コーチも兼務。

ブランドの選択も自己表現のひとつだからこそ、パーパスを重視する

入社4年目の私は商品企画開発部門において、メーク品開発の業務に携わっています。その中でも私が担当しているのが、若年層をターゲットとしたメークブランド「ディエム クルール」の企画・開発担当です。

ディエム クルールというブランドは、その人の肌の個性を生かして美しく魅せるカラフルなファンデーションから始まりました。「多様性を輝かせる」というブランドの想いはまさに、私たちZ世代が大切にしている価値観と一致しています。高価格帯のカテゴリーに属しながらも、今後、Z世代から共感を得られるブランドとして、高いポテンシャルを秘めていると考え、ますます成長させたいブランドのひとつです。

自分自身をマーケターとしてではなく、「Z世代消費者」という視点で振り返ってみたとき、「ブランドが発するメッセージに対する共感」は購買における重要な判断軸のひとつです。そのブランドがどのような世界観の中で、どのような価値観を重要視しているか、は私にとってブランド選択における重要ポイントになっています。

このような価値観を持つようになった背景には、ブランド選択によって自分の価値観を表明したい、自分がどんな考えを持っているのかを表現したい、というZ世代特有のインサイトがあるように思います。「パーパスを重視する世代」「ブランド姿勢を重視する世代」というのは一般的にも言われており、その理由として、この世代は社会意識が高いから、ということがよく言われると思います。これも理由のひとつではあると思うのですが、それとは別に「自己表現欲求」という背景もあるのではないかと思っています。

私たちZ世代は幼少の頃から「個性の尊重」をキーワードに育ち、SNSの台頭とともに大人になり、自己発信が活発な世界で生きてきました。自分らしさを発揮したい、自分はどんな個性があるのか明確にしたい、というマインドが根付いていると感じています。

そして、ブランド選択もそのような自己表現の一種なのではないかと思うのです。自分がどのような価値観に共感し、どのような世界観に共鳴する人なのか、そのブランドを選ぶことを通して自分のアイデンティティを表現している側面があると思います。

例えば私は何か気になるブランドに出会ったとき、必ず公式サイトに行って「CONCEPT」「ABOUT US」のタブをクリックします。商品の情報収集は、SNSや口コミがメインなのですが、必ず一度ブランド公式サイトを閲覧して、ブランドがどのようなメッセージを語っているのかをチェックします。

世界観やメッセージが凝っていて、共感度が高いものだと、興味が一気に高まります。そして、それがプロダクトやサービスからも感じられるとさらに共感度が高まるのです。

このように、ブランドを選択することを通して、「自分はこのような価値観に共感するのだ」というスタンスを明確にしている側面があるのかなと思っています。

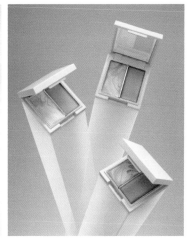

石崎氏が担当しているブランド「ディエム クルール」。コンセプトは「多様性を輝かせる」で、Z世代の価値観に親和性もあるという。

化粧品の特性は「美の提案」でも、押し付けを嫌うのがZ世代

　自分自身が持つこの価値観は、担当するディエム クルールにおいても意識するべき重要な要素であると考えています。ブランドとして、どのようなメッセージを発信するのか、ターゲット世代に共感を得られるものになっているかは常に意識して企画・開発を進めています。メッセージ発信の中で、特にいつも気を配るのが、画一的な美の押し付けになっていないか、個性の否定をしていないか、というダイバーシティへの配慮です。

　冒頭でも話した通り、ディエム クルールは「多様性を輝かせる」というブランドコンセプトを持ち、Z世代のマインドにとてもフィットするブランドであると思っています。

　しかしながら、化粧品は「美の提案をする」という商材の特性上、これが美しさの正解である、こうあるべき、という一方的な決めつけになる危険性もはらんでいると感じています。美しさの一方的な押し付けは、ダイバーシティに寛容な価値観の中で生きているZ世代には受け入れられません。ブランドなりの美の解釈は持ちつつも、「こ

れが正解」という見え方にならないように、商品のコンセプトや訴求を検討するようにしています。

日々膨大な情報に触れることこそ「ウソ」や「真正性」を重視する所以

　Z世代の顧客を獲得し、ブランドに対して共感を抱いてもらうためには、ブランドと顧客のインタラクティブなコミュニケーションが有効だと考えています。ブランドの発信するメッセージを重視する世代ですが、その伝え方も重要だということです。デジタル上の情報の海に日々さらされているこの世代は、情報はいくらでもつくりこむことができ、自分たちが騙されるリスクがあることを知っています。Z世代が真正性を重視する、と言われる所以はここにあるのではないでしょうか。

　そのような価値観の台頭の中で、特にディエム クルールを含む"プレステージブランド"と呼ばれる高価格帯のブランドは、Z世代とのコミュニケーションのあり方を考えなければならないと考えています。

　従来のように高級感を演出して、憧れを醸成させるようなマス向けの距離感の遠いコミュニケーションでは共感を得られないのがこの世代です。等身

大で、自分に寄り添ってくれていると感じられるような、ブランドとの双方向性のコミュニケーションが共感を生むと考えています。

　実際、ディエム クルールでインスタライブを実施した際に、自社の他ブランドでのライブに比べて、視聴数も多くとても盛り上がりを見せていたことからも、若年世代において双方向コミュニケーションが有効であることを感じました。その場でもらったコメントに答えるという直接的なやりとりや、リアルタイムでメークの仕上がりを見せたのが、嘘偽りのない真正性のある情報として共感を得られたのだと思います。

　ディエム クルールは、絵画着想の商品設計や、多色の剤型だからこそ叶えられる使用方法の幅広さ、色の科学に基づく理論……など面白い「ネタ」がたくさんあることがプロダクトとしての特長です。そして、そのネタは全て「多様性」という思想につながっています。そのようなブランドの魅力を、共感度の高いコミュニケーションで伝えることで、Z世代をファン化することができるはず。どのような新しいコミュニケーション方法があるか、現在模索中です。 **Z**

徹

底

討

論

冨田

dot 代表 /
イノベーションチームdot

冨田侑希 氏
Yuki Tomita

今瀧

僕と私と
代表取締役

今瀧健登 氏
Kent Imataki

黒髪

JT 日本マーケット商品企画部
ブランドマネージャー

黒髪 祥 氏
Sho Kurokami

MARKETING

📢

Crosstalk

新定義 Z世代のリアル

マーケター・起業家

座談会

〜Z世代が思う、「Z世代」とは？〜

宣伝会議では26ページからの4章にて登場している
起業家、マーケターによる「Z世代マーケター・起業家座談会」を実施。
消費やマーケティングについての考えだけではなく、Z世代生活者が深層で持つ価値観や、
まだ語られてこなかった潜在的なインサイトなどが明らかになった。
Z世代自身がZ世代を考えることで、一体どのような答えが導き出されたのだろうか。

44

黒髪 JTで加熱式タバコ「Ploom」のブランドマネージャーをしている黒髪です。私は1992年生まれでZ世代ではないのですが、今日は勉強する気持ちで、モデレーターとして2人の価値観や考えに迫りたいと思います。私もひとりのブランドマネージャーとして、Z世代の価値観は大変気になっているところなので、今日は勉強する気持ちで臨みたいと思います！ ではまず皆さんの自己紹介からお願いできますか？

今瀧 僕と私との今瀧です。同世代（Z世代）に向けた企画・マーケティングを行っています。"メンバー全員がフルリモート・フルフレックス・フル社長"、"全員が副業"を目指す、他には類をみないような体系を成している会社だと思います。

黒髪 "メンバー全員が社長"というのはめっちゃ気になりますので、後で詳しくお聞きしたいです！ では、冨田さんお願いします。

冨田 私はイノベーションチームdotという、Z世代コミュニティの代表をしています。学生時代に大学の授業で起業家の先生に出会ったことがきっかけで生まれた「イノベーション（アイデアをカタチにすること）」に興味のある同世代のコミュニティが法人化して、今の会社があるという系譜です。若者の才能や情熱・好きなことを引き出しあいながら、そのアイデアを実際に形にしていく。ハッピーなイノベーションを起こすプラットフォーム（場）づくりをしているような会社です。その私たちの想いに賛同してくださった企業や行政の方々と一緒に商品開発などをしています。メンバーは1994年生まれである仲間を最年長として、あとは現役の学生が多いです。学びの軸の中で価値を生み出して世の中に届けていくことに挑戦しています。

黒髪 メンバーの割合的には、現役の大学生が最も多いのですか？

冨田 そうですね。現在は大学生が一番多いですが、高校生も所属しています。

黒髪 高校生!? 冨田さんの年代とも5～6歳ほど離れているかと思いますが、今の高校生については、どんな嗜好性の生活者が多いと感じていますか？

冨田 やはり5つ以上も差があると、ギャップを感じることもあるのですが、今の高校生は本当にしっかりしています。流行の移り変わりや、SNSの使い方の進化などのスピードも速い印象です。世の中のトレンドについては、私がいつも教えてもらうくらいです（笑）。私も先ほどの今瀧さんのお話で早速気になったのですが、"全員が社長"ということは、社員ひとりにつき1会社、のような感じなのですか？

今瀧 その通りです。まずは社員一人ひとりが社内で事業を立ち上げて進めるのですが、売上や利益が得られると見込みが立った段階で、会社を起こしてみようと考えています。そのようにして、"社員全員が社長"を目指しているんです。

黒髪 その話を聞いていると、起業がいとも簡単なことに聞こえますよね。Z世代にとっては、「起業」のハードルは、これまでより下がっているんですか。

今瀧 それはあると思います。僕は起業してみたいと思ったときに、「起業 方法」で検索しました（笑）。ネットでもしっかり教えてくれるので、起業に必要なことがひとりでも理解できてしまいます。実際、設立するところまではひとりで完結できるんですよね（笑）。起業のハードルが下がっていることも事実なのですが、ネットから誰でも情報を得られることで、いろんな働き方を見られるようになった。そんなことも、若年層の起業家が増えていることに関係しているのだと思います。

Q **Z世代生活者は、どのような性格？**

A **「自分らしく」がモットー**

今瀧 価値観や性格で言うと、共通しているのは「自分らしくいたい」とか「好きを仕事にしたい」と思っているとか、「自分はこうありたい」という考えをしっ

かりと持っている人が多いのかなと思います。

黒髪 たしかに。これまでも個性的な人はいましたけど、世間で有名なインフルエンサーやYouTuber

はデジタルネイティブのZ世代が多いですよね。常にSNSに触れてきた彼らが自然とSNSを活用して自己発信していて、それらを仕事にしている人は多い気がします。

今瀧 当社が掲げるビジョンもまさしく、「自分らしさを咲かせる」です。先ほども、個人が事業を立ち上げて会社化すると話しましたが、その方針とこのビジョンはつながっていて。自分らしくいるためには、自分のやりたいこと（事業）を、自分なりに（社長として）遂行しなければならない。なので、「自分らしさを咲かせられる」ように、メンバー全員に起業してもらうという会社にしたのです。

黒髪 面白いですね。でも、"会社"である以上、継続していかなければなりませんよね。そんなに甘くないのでは？と思ってしまうのですが、いかがですか？

今瀧 もちろん、社内事業のときより売上も立てなくてはならないですし、継続が難しくなることもあります。しかし、そこで役立つのが組織の力です。当社が持つノウハウや、起業した他のメンバーの知見を横展開したり、昇華する形でまた続けられるようになるかもしれないですよね。もしダメだったとしても、また一緒に同じ会社でやればいい。このようなZ世代の特性も考慮した形で、「個」と「組織」をうまく使える会社にしたいと思っています。

> 俗に言う"正解"がなくなったからこそ、
> 「自分らしくありたい」
> という考えの人が多いのだと思う

当社事業の領域が広いのは、このような企業の性格が理由ですね。

黒髪 「自分らしくいたい」とか「好きを仕事にしたい」と思う人がZ世代に多い理由は何だと思いますか？

今瀧 個人的には「多様性」が大きく関係していると考えていますね。僕たちは自分の将来を考え始める思春期の頃から、SNSが当たり前の世界で生きています。つまり人や情報の接点が、家庭・学校・習い事、テレビなどのメディアだけに留まらない。SNSを見れば、インフルエンサーやYouTuberといった学校の授業では教えてもらえないような、多様な職業の存在を知ることができる。そういう「当たり前ではない選択肢」を知ってしまうと、「自分は何がしたい？」という問いに対する回答を、各々で持つようになるのだと思います。僕は国立大学出身ですが、卒業後は大手企業に就職するのが当たり前のことだとは考えていませんでした。「自分はこうありたい」という想いが前提にあって、その実現のために起業を選択しました。これまで以上に多様な人や情報に触れ、俗に言う"正解"がなくなったからこそ、「自分らしくありたい」という考えの人が多いのだと思います。

黒髪 なるほど、SNSの存在がZ世代の消費だけではなくて潜在的な生活における価値観にも影響を及ぼしているということがよくわかりますね。

A キーワードは「リベラル」

冨田 私の考えるZ世代のポイントは「リベラルな思考」だと考えています。例えば男女平等。共働きの家庭も増え、自分の両親がそうであるというケースも多くなりました。同年代でのコミュニティ内では「男女差」を意識することが薄くなってきた、「みんな違って当たり前だよね」という認識の人がSNSなどの影響もあり、自然

と多くなっていると肌で感じますね。「自分らしく」を大切にしたいという想いはあるもののキャリア（就職）の面では、必ずしもそうではない気もします。Z世代調査でも見えてくることなのですが、生まれたときから経済が右肩下がりの環境で育ったこともあり、「安定思考」「保守的」といった価値観の人が増えていることも確かなのです。

黒髪 「自分らしく」とか「リベラル」という教育を受けてきた中では、何か明確な意思を持っていない保守的な考えを持つ人は生きづらくなってしまうのではないかと不安になるのですが、いかがですか？

冨田 たしかにそう捉える方もいると思います。「自分らしく」と発信することも素敵ですが、保守的な人もその人にとっての「自分らしい」選択をしているんですよね。意見や考えは人の数だけある、とよく言われますが、Z世代はそこを感覚的に理解しているところがあって、他人の意見に寛容な人が多い気がしています。自分と違う生き方の人を見て「否定」するのではなく、そういう世界観もあるんだと「受け入れる」人が多いのかなと思いますね。

黒髪 僕はミレニアル世代として2人の話を聞いていますが、これまではZ世代って各々で「唯一無二でなければならない」という考えが求められる世代なのでは

ないかと思っていました。「個」の発信が強い人がなんとなくヒエラルキーのトップにいるイメージ。

今瀧 僕たちのような起業家の人たちは、黒髪さんのおっしゃる通り、「自分らしく！」と考える人が多いのですが、中学や高校の頃の同級生に話を聞いてみると「やりたいことがない」と話している人の方が圧倒的に多い印象です。もしかしたら、「やりたいことはあるけれど、達成方法がわからないから言ってない」という人もいるかもしれませんが、そういう人たちに対して「やりたいことを見つけるべし」と無理やり押しつけるのも違いますよね。

冨田 価値観の押しつけをされると、少し引いてしまいますよね（笑）。「生き方の正解がなくなっている」と今瀧さんもおっしゃっていましたが、この話も同様だと思います。「自分はこうでなければならない」という正解もなくなってきていることの表れだと思います。

Q Z世代は、「モノを売ること」についてどう考えている？

A 「つくり手の想い」＝ストーリーが大事

黒髪 では、次はビジネスの分野に話を移そうと思います。私もそうですが、マーケティングに従事する身だと、どうしてもZ世代の「消費」に注目してしまいがちです。その一方で「モノを売る」ということについてはどのように考えているのかをお聞きしていきたいと思います。まずはじめに、Z世代の消費のキーワードって何だと思いますか？

冨田 まず自分自身の消費への考え方の話をすると、惹かれるのは「つくり手の想い」ですね。商品そのもので選ぶというよりは、「つくった人は、どんな想いだったのか」というストーリーを重視しています。

"商材の特性や原点に立ち返って、「**情緒的価値**」を起点にしたマーケティングをしたいと思う"

個人的に、ひとりの情熱は、周囲の人の心に響くものすごいパワーを持っているなと感じています。情熱から生まれた「自分ゴト」できるアイデアやサービスが、同じような悩み・痛みを抱えている人に共感されて、ファンがじわじわと熱狂していくような自然の流れが素敵だなと思っていて、「why me?」の部分を日々意識しています。

黒髪 似たような商品が市場にいくらでも出回り、他社製品でも代用できてしまい目新しさがなくなりつつある今、それでも自社を選んでもらうための、ひとつの手段として「ストーリー」は大切ですよね。実務での私は、開発者の想い

だけではなく、利用者の情緒にも訴えかけられるような「ストーリー」をブランドに込めることを意識しています。嗜好品であるたばこという商材を購入する利用者は、「たばこ自体の機能」だけを求めているというより、たばこを吸ったリラックス感やその場のシーンといった、吸っているときの「情緒」を求めて買う人が多いと思います。お酒も同じですよね、「酔いたい」というよりは「この場を楽しみたい」という感情や情緒に依拠した消費を選ぶことも多いはずです。嗜好品のマーケティング活動に携わる担当者としては、このように商材の特性や原点に立ち返ってみて、「情緒的価値」を起点にしたマーケティングをしたいと思っていますね。

【今瀧】ストーリーや制作プロセスが重視される理由は、「商品・サービスに対する生活者の評価軸」の変化があるのではないかと僕は考えています。市場という

土俵に立つために、企業にとっては機能・性能の良い商品を発売するのは大前提ですよね。それと同時に市場が成熟した時代の消費者の僕たちも、「世で売られている商品は性能・機能がある程度良いもの」であるという認識ができあがっているのだと思います。性能・機能の良い商品だけが揃っている土俵に立って初めて、必要になるのが、さっき2人が話していたプロセスやストーリーという別視点、つまり付加価値なのではないでしょうか。

【黒髪】その通りだと思います。でも、この今瀧さんのお話だとマーケティングの一般論や基礎知識にも聞こえますよね。Z世代に限らず、現代の消費者全員に言えることになるような気がしたのですが、「Z世代向けビジネス」という点では、重視すべき付加価値に変化はあるとお考えですか？

A　Z世代向けビジネスでは、レビューが付加価値になる

【今瀧】「Z世代向けビジネス」という話だと、レビューという付加価値も重要になると思っています。友人からの口コミも同様ですが、「信頼できる誰かからのオススメ」が価値につながるのではないでしょうか。Z世代の頭の中には、「企業が発信する広告は、企業にとって都合の良いことしか言っていないのではないか」という意識や疑念が少なからずあるような気がしています。なので、信頼している人のレビューや体験記のようなものも大きな付加価値のひとつになると思いますね。

【黒髪】今瀧さんはご寄稿でも「友達マーケティング」（P.29）という話をしていましたよね。やはり、レビューや友人からの拡散は重要だと考えているのですか。

【今瀧】そうですね。例えば「売上No.1」みたいなコピーの広告が目に入っても、あまり信用ならないんですよ。世の中に「No.1」が溢れすぎてしまっていて（笑）。それなら、信頼できる友人からおすすめしてもらったほうが、使ってみようかなと思えます。そもそもバズの背景には共感があるはずです。そうであれば「バズ」って、「友達に伝えたい！」という想いの連鎖から形成されるのかもしれないですね。

【冨田】今瀧さんの言う通り、バズらせたいと思って出された情報は、なぜか避けたくなります（笑）。やけにつくりもの感が出てしまうんですよね。信じられなくなるという気持ちはとてもわかります！

Q　Z世代にバズらせたい！ 企業担当者は何をすれば良い？

A　バズは直接的に狙うのではなく、「仕掛け」を複数つくる

【黒髪】先ほどの議題で「バズ」というワードが出ました。企業としても、Z世代にバズってほしいと考

えている企業は多いかと思いますが、実際にどのような情報が「バズ」につながるのでしょうか。

今瀧 Z世代の特徴のひとつに「発信力の強さ」がありますが、Z世代にバズらせたいと思うのであれば、「直接的にバズを狙う」より、「広めたくなる情報」をつくることのほうが大事です。ここで言う「広めたくなる情報」とは、Z世代に共感されるようなものでなければなりませんが、何かひとつ当たれば、後は勝手にZ世代消費者が拡散してくれるはずです。プロダクトでもストーリーでも、重要なのは「広めたくなるか」。バズを求めるのではなくて、バズの「きっかけ」をつくってあげることが必要だと思います。Z世代の発信力の強さを味方にすることも大事です。

黒髪 でも、興味関心は人により異なりますよね。ましてやZ世代の価値観は多様化し続けている。何が刺さるのかを考えるのは本当に難しいことだと思うのですが、いかがでしょうか。

今瀧 おっしゃる通りだと思います。だから僕が発信する際は、仕掛けを複数つくっておくことを意識していますね。何が響くかわからないから、とりあえず仕掛けを何パターンか用意しておく。どれかがうまくハマってバズになる、という考えのもと行っているものです。僕たちでも狙ってバズらせるのは至難の業なので、とりあえず仕掛けを何個もつくっておきます。何かハマれば後は本当に情報が自走してくれるので、企業の担当者の方は情報についての「引っかかり」をつくることに注力したほうが良いかと思います。

Ⓐ Z世代以外が、Z世代を語ることに違和感

今瀧 Q1のZ世代の性格の中で「自分らしく」というキーワードが出ましたが、まさに消費でも同じことが言えると思います。意識的に、自分のアイデンティティを確立したいと思ってブランドを選択している人はいないと思いますが、購入後の「発信」では、意識をしているのではないでしょうか。インスタで服を着ている自分を投稿する。コンテンツを見ている自分を発信する……。購入や検討時点では、そのようなことは意識していなくても、「発信」を考慮すると、どこか潜在的に「自分らしい消費」を考えているのではないかと思います。

冨田 たしかに、「発信」を意識するがゆえに自分の見られ方を気にして、知らず知らずのうちに「自分のイメージ」やアイデンティティを守るためにブランドを選択し、自己表現をしている人もいるのかもしれないですね。Z世代がこれまでよりも一人ひとりの異なる価値観を大切にしているとなると当然、人によって商品やブランドを選ぶ理由も変わってくる。そうなると、企業にとってはますますコミュニケーション方法が難し

> 一人ひとりの異なる価値観を大切にしているとなると、人によって商品やブランドを選ぶ理由も変わる

くなりそうです。

黒髪 だから、Z世代はこれまでよりも「マス」として扱うのが難しいと思っているんです。情報の取捨選択も鋭い目線で行われますし、多様化も進んでいる。「周りが買っているから」ではなく、「自分」という判断軸で商品を選んでいるとなると、企業も何が刺さるかわからないから苦戦を強いられているのだと思います。

今瀧 D2Cやパーソナライズのプロダクトが流行っている理由は、その「マスとして扱えないから」ということがあるからなのかもしれないですよね。

冨田 先ほどの「自分はこうあるべきだ、という"正解がない"」という話につながってきますよね。

今瀧 そうですね。僕たちより上の年齢の人がZ世代を定義しようとすると、とても難しいと思います（笑）。ですが、僕たちが関与していないところで"Z世代"を語ったり、Z世代向けの商品を発売してしまうと、「何を根拠にZ世代？」と感じてしまって、逆に不信感を抱くことにつながるかもしれないので注意が必要です。

なるほど。しっかりとＺ世代に定性・定量で調査をした結果から生まれた商品でないと、信用はとれないということなのですね。

「どれだけＺ世代を巻き込んでいるか」ということが重要だと思います。「Ｚ世代向け商品が出ま

した！」という告知やSNS投稿を見かけることは多いですが、いざ投稿を見てみると「いいね！」や「リツイート」をしている人はみんな30〜40代だったり、広告のクレジットやスタッフリストを見てもＺ世代がいなかったりします。これではきっと、共感は得られないですよね。

Q Ｚ世代から共感を生むには？

A ブランドの良いところだけ見せられると疑ってしまう

「ありのまま」を見せることが必要なのではないでしょうか。先ほどの「No.1」の広告の事例でも言ったように、Ｚ世代の生活者には見栄を張ろうとする企業の虚栄を見透かしてしまう人が多いと思います。だからこそ、冨田さんの言うように製作過程のひとつである開発者の想いやストーリーに惹かれたりするのだと思います。

ブランドの「ありのまま」とは、どのようなことなのでしょうか？

「嘘がないことを証明する」ことだと思います。製作過程が見えるとか、商品の企画・開発意図を伝えてくれるとか……。商品・サービスの良いところばかりを見せられてしまうと、どこか嘘に聞こえてしまうので、そのような発信は避けたほうがいいかなと思っていますし、Ｚ世代としての僕自身もそのほうが共感できます。

「弱みを見せる」ようなことも重要になってくるのですかね。企業としては、広告でブランドの良いところを生活者に知ってもらいたいから、その事実だけを話しますよね。ですが今瀧さんの話を聞いていると、ブランドや企業に弱みがあることを認めて、それをさらけ出して発信するというプロモーション手法も、共感が得られる施策として有効かもしれないと思いました。よく考えれば人間関係にも似てるかもしれませんね。良いところしか見せない友人と、ちょっとダメな部分も含めて見せてくれる友人。後者のほうがより深い関係になっている気がします。

マーケティングも友達関係を築くときと同じなのかもしれません。嘘つきとは友達になりたくないし、良いとこだけ話して弱みを見せない人とも深い友達関係にはなれないと思います。企業と顧客の関係も、それと同じなのかもしれない気がしてきました。

完璧な姿しか見せないという姿勢は見直した方が良いのかもしれませんね。私自身はマーケティングとか広告とか、「why」や「心」が置き去りにされがちなビジネス視点の考え方が好きではなくて。私は法人の代表として活動していますが、当社には営業活動というものがありません。あくまで、私たちの理念や活動、想いに共感してお声がけいただいた方々と共にお仕事をしています。今は、とある町のリブランディングをお手伝いしているのですが、最初にご相談してきていただいたときに「課題が山積みなんです」「こんな町にするために一緒に取り組んでくれませんか？」と現地の方が熱く語ってくださったことが強く印象に残っています。課題を聞くと親近感が持てるんですよね。もちろん、その町に良いところはたくさんあるとわかっているのですが、その課題をさらけ出してくれると、こちらも応援したくなるし、なんとか貢献したいという気持ちになる。お互いが組むことで実現できる理想の未来を描いて実現に向かって一緒に歩んでいけます。弱みを見せるとか、ありのままを発信することは人間的で好感が持てるのだと思います。

Q Z世代、結局一言で言うと、なに？

A 「つながり」を通じて自分を知る世代

 これまで、Z世代生活者の性格や価値観、そして2人のビジネス観までお聞きしました。まとめに入るべく、「結局、Z世代ってどんな人？」ということを言語化してみたいのですが。

 やっぱり一言で表さないといけないですかね。難しいな……（笑）。

 難しいと思いますが、他の世代である私も含め、Z世代が思う"Z世代"がどういう人なのかを、今後のためにしっかりと知っておきたいと思いました。ぜひお願いします（笑）！

 「これ！という正解がない」というのが本音なのですが（笑）。他の世代の方々と比べてみると、「つながり」を重視する世代なのかなと思います。学校の友人やバイト仲間、同じ趣味の仲間、SNSでしかコミュニケーションをとらない仲間など、いろんなつながりを持ちながら、それぞれのコミュニティでそれぞれの自分を見せているのがZ世代です。この現象は、インターネットやSNSの普及で、これまでより「つながり」の手段が増えたからこそ起きているのだと思います。いろいろな人と常時つながってコミュニケーションがとれるようになったからこそ、多種多様な人がいると知ることもできます。そして、他の人を知ることで自分がこういう人間なんだと理解することができる。「つながり」があることで、自分を多角的な視点で見ることができますし、「つながり」をうまく活用しながら生きている世代なのかなと思いました。

 ネットで多様な人を見る機会があるからこそ、自分を知ることができるというのは冒頭で今瀧さんがおっしゃっていた「多様性」というキーワードにも関連していますね。

A 「自分が好き」な世代

 僕が今日話していてたどり着いた結論は、Z世代は「自分が好き」ということです。その背景には「自分らしくありたい」という潜在意識や、SNSでの自己表現のためのブランド選択など、さまざまな要素があると思います。これまではしっかりと言語化してきませんでしたが、こうやって、現時点での回答のようなものを出すことができて、とても有意義な時間でした！ **Z**

PART 5

若手マーケターが
師匠に聞きたい、
「企画」と「マーケティング」

第4章に登場している若手マーケターのうち、僕と私と 代表取締役の今瀧氏とJTの
ブランドマネージャー 黒髪氏が尊敬する心の師匠に突撃取材。
それぞれの師匠に「愛される企画と会社」、「嗜好品のマーケティング」というテーマで
対談を実施した。師匠と若手。それぞれの価値観にフォーカスした。

GEN
Z

MENTOR

▼ MENTOR ▼

面白法人カヤック 代表取締役CEO
柳澤大輔氏
Daisuke Yanasawa

1974年香港生まれ。1998年、面白法人カヤック設立。鎌倉に本社を置き、ゲームアプリや広告制作などのコンテンツを数多く発信。サイコロを振って給料を決める「サイコロ給」など、会社という形の新しい可能性に挑戦中。著書に『鎌倉資本主義』(プレジデント社)他、多数。まちづくりに興味のある人が集うオンラインサロン主宰。「デジタル田園都市国家構想実現会議」構成員。「まち・ひと・しごと創生会議」有識者委員。

僕と私と 代表取締役
今瀧健登氏
Kent Imataki

1997年生まれ。横浜国立大学教育人間科学部卒業。Z世代へのマーケティング・企画UXを専門とし、ネイルサロン『KANGOL NAIL』、食べられるお茶『咲茶』などを企画。Z世代代表として多数のメディアに出演し、"サウナ採用"や地方へのワーケーション制度など、ユニークな働き方を提案するZ世代経営者。一般社団法人Z世代代表。

若手マーケターが師匠に聞く ❶

Z世代の企画屋がカヤック柳澤氏から学ぶ
面白さを追求しながらも愛される企画と会社

01

Z世代が心の師匠として尊敬する方に話を聞く本企画。
僕と私と代表取締役 今瀧健登氏が、カヤック代表取締役CEOの柳澤大輔氏から学ぶのは「愛される企画と会社」です。
それぞれの世代でプランナー／代表取締役として活躍する2人の価値観に違いはあるのでしょうか。

社会について考えているようで、
自分のことを考えているのがZ世代

——本企画のテーマは「Z世代の師匠に聞く」です。

今瀧 「僕と私と」という会社でZ世代や若者に向けた企画やマーケティングをしている今瀧です。設立2年目の会社ではあるのですが、尊敬している柳澤さんに、企画のつくり方や、Z世代への考え方などをお聞きできればと思います！貴重なお時間をありがとうございます。

柳澤 「僕と私と」。良い社名ですね。起業する前はどこか企業にお勤めされていたのですか？

今瀧 小学校の教員をしていました。その後に民間のコンサルティング企業に転職し、独立して今に至ります。

柳澤 なるほど。立ち上げた会社でZ世代向けのマーケティングや企画をしていると。

今瀧 そうです。Z世代というワードが出たところなので、早速お聞きしたいのですが、柳澤さんはZ世代という生活者についてどのような印象をもっていますか。

柳澤 子どもがZ世代なので、まさに密に接しているのですが、「ほしいものがない」という印象です。「誕生日プレゼント何がほしい？」と聞いても「ない」と言い切る。ほしいのがモノではないのかな？ しかし、良い体験はしたいようです。モノよりコトを重視するのはZ世代の特徴としてすでに言われていることですが、それは僕も顕著に感じます。

もうひとつの特徴として、商品や企業に対しての社会的意義とか目的が問われているという気がします。この「目的」が企業の理屈や嘘で塗り固められたものだと、見抜かれてしまうと感じますね。

今瀧 おっしゃる通りだと思います。

柳澤 商品や企業の社会的意義について考えているように見える一方で、自分中心に見える部分もありますよ。必ずしも誰かのためにということではなく、購買行動やキャリア形成などもひっくるめて、この行動・活動は自分にとって価値があるかということをかなりシビアに見ているという印象もありますね。

今瀧 そうですね。行動に対して自分主体とか、"自分らしさ"みたいなことを言うZ世代は多いです。そのような部分が先ほど柳澤さんがおっしゃっていた「自分にとって価値がある行動か」ということに繋がる気がします。自分らしいからその行動・活動を選択するというように、ベクトルは「対自分」に向いている。誕生日プレゼントのお話だと、私もほしいものは少ないほうだと思います。上の世代だといろいろと買いたいものもあったのですね。

柳澤 そうですね。もらえるものはもらっておこうという欲がありました。あの頃は単純に欲求があったけれど、現在

は全世代的に少ない気がしますね。それは別に子どもや若年層に限らず、僕たちのような上の世代も欲求は少なくなっているはずです。つまり、若年層がモノを買わないのではなく、時代的に多くの世代がモノを買わなくなっているという現象もあるのかもしれないですよね。

今瀧 ほしいものが時代的になくなっているという仮説が生まれる背景は、世の中に良い商品・サービスが溢れているから見つからないのか、あるいは簡単に手に入るからだとお考えでしょうか。

柳澤 両方かもしれないけれど、後者が大きな理由と考えています。手に入りやすいし、いわゆる皆が持っているから自分も持ちたいというモノも少なくなりましたよね。あと、ブランドの価値も弱っている気がします。昔は少なからず、皆が憧れるブランドはあったように思いますが、今は少なくなってきたのではないでしょうか。

今瀧 たしかに。Z世代の特徴である「自分らしさ」の話になってしまうのですが、誰もが知っているハイブランドの商品を身につけるより、皆は知らないけれど自分らしさが表現できるようなブランドを見つけたいと考える傾向はZ世代に多く見られますね。

柳澤 なるほど。

今瀧 流行という観点も以前より薄れてきている感覚があります。皆が持っていると、逆に自分らしさが薄れてしまうと考える人が多いのかもしれません。Z世代には何かが流行ると、違うものに移行しようとする傾向すらあります。流行を追ったりつくったりすることはZ世代向けのマーケティングだと難しいのではないかと個人的に思いますね。

既存のアイデア同士の組み合わせが
新たなアイデアを生む

——続いては「企画のつくり方」にフォーカスしたいと思います。

今瀧 私は普段、"Z世代の企画屋"として活動しているのですが、柳澤さんは企画を考える上での必要なスキルについてどのようにお考えですか？

柳澤 まずは今瀧さん自身の考えをお聞きしたいですね。いかがですか？

今瀧 僕の場合は基本的に、企画は他人を楽しませるものだという定義が前提にあります。企画を考える際は、ある事象同士を組み合わせる形でつくっていくことが多いです。例えばAという物事とBという物事が世の中にあったら、その2つを組み合わせて「AB」という新しいものを生む、という流れです。

柳澤 なるほど。「他人を楽しませる」という今瀧さんなりの企画の定義と、どうすればその企画が当たるのかというこ

とは話を分けて考えたほうがよいかもしれない。

今瀧 ぜひ具体的にお聞かせいただきたいです！

柳澤 企画はアイデアと表現されることも多いと思うけれど、僕の場合、アイデアはJames Young氏が言っている「ちょっと新しい組み合わせを考える」「既存のアイデアとアイデアの組み合わせが新しいアイデアになる」ということを常に意識しています。既存のものを組み合わせて、ちょっと新しくなることを考える。これまで社会になかったものを追求しすぎると的外れなものになるというか、ニーズのないものになってしまうことも多いです。過去に当たった企画のアイデアをもとにして、今までにない組み合わせや掛け算を考える。そういう定義がカヤックとしては一番多い気がしますね。

今瀧 勉強になります。そのようにできた企画は、自ずと話題になったりするものなのでしょうか。

柳澤 当たるかというのはまた別です。カヤックの場合はネット系の企画に特化しているので、「人にシェアしたくなるものや瞬間って何だろう」と日ごろから考えています。僕が思うのは、自分の中にあるものを言語化したり、形にできたりしたときに拡散される感覚があるということ。これまでにないものを企画するよりは、あるものをしっかり形にすれば当たることが多いという印象は個人的にあります。

今瀧 私も人がシェアしたくなることかどうかは重要だと思っています。「シェアしたくなるだろう」という仮説はどう設計しているのですか？

柳澤 あまりそこは重視していません。特に当社がやっているハイパーカジュアルゲームは、シェアされるか、されないかということは度外視して、「面白そう」だと思うものをとりあえずリリースしてみています。でもそうすると「常に面白いゲームを出す会社」というブランディングはできないですよね。

今瀧 市場に出す以上、すべてのサービスがターゲットに受け入れられたら―、という想いは誰にでもあると思います。だからこそ仮説を緻密に立てて、リリースすると思うのですが、なぜ「とりあえず」出すということがカヤックでは可能なのですか？

柳澤 会社を設立した当時、逆に「何が出てくるかわからない」ということをカヤックのブランドにすればいいのではないかと考えました。それでできたのが面白法人というあり方です。面白法人が出すもののクオリティはある程度ばらつきがあって良いと最初から割り切って、何が出るかわからないけれど、ときどき良いものが出てくる。その方が気軽に企画を試せるかなという考えがありました。

面白い企画って、仕組みを抜本的に変えるものだと思う

——面白いというキーワードが出ましたが、柳澤さんと今瀧さんのそれぞれが考える「面白い」とは何でしょうか。

柳澤 社会の仕組みを変えるような企画が一番面白いと個人的には思っています。当社だとサイコロ給※が最たる例。給与体系の仕組みを変えるアイデアだから、ちゃんとオペレーションから組まないと成立しないんですよ。本質的なところに立ち返って、抜本的に仕組みを変える企画は表面的ではないから難しいですよね。現在、進めている地域通貨も、「街の声」にコミットしてお金そのものの在り方を変えようとするプロジェクトですし、これは相当根本的なところからの変革になる、と興味深かったんです。それで面白そうだなと思って始め

※カヤックの給与システム。社員は毎月サイコロを振って給料を決める。

> **よい企画は他人を楽しませるものだという定義が前提。自分の考えの枠を取っ払ってくれるもの。**

> 社会の本質に立ち返り、
> 抜本的に仕組みを変える企画は面白い。
> 「サイコロ給」も「地域通貨」も
> そう思って企画した。

ました。ルールの見直しというか、新しい見方を提案するような企画が面白いと思っています。

今瀧 僕は、自分の頭の中で想像ができなかったものによって自分の生活が「面白くなる」というイメージがあります。

柳澤 自分の枠を取っ払ってくれるものという感じですかね。カヤックは面白法人なので、「面白いは最高の褒め言葉」だと思っています。僕自身も何かを褒めるときはすぐ「面白い」と言ってしまう。もちろん時と場合を選んで使わなければならない言葉ではあるのですが、誰かに相談された悩みでも「面白い」って言ってしまう（笑）。でも、それもアイデアなんですよ。悩みや課題でも、別の角度から見たら面白くなる。「見方を変える」ような提案ができるアイデアも僕にとっては面白いなと思うことですね。

師匠に聞きたい、
会社の見られ方が変わった瞬間

——2人とも経営者ということで。最後に柳澤さんから愛される会社になるために必要なことをお聞かせいただきたいと思います。

今瀧 企画を面白いと思ってもらったり、会社を好きになってもらうためには何が必要なのでしょうか。当社も最近、「ファンです」と言っていただく機会や上場企業さんからも依頼をいただくことがあり、愛されるということについて考えているところでして。

柳澤 いろいろな観点があるのですが、僕が会社そのものを発信するということにおいて意識してきたのは、嘘くさいことを徹底的に排除することです。自分の中でこれは詭弁だと思うことは一切しないでおこうと思っています。人としても誠実な方が好かれると思うし、嘘くさい人は好かれないと思います。だから会社としても嘘くささを排除する。その結果、カヤックにお願いしたいという人が増えていっ

たという感覚がありますね。

今瀧 会社のあり方のお話がでましたが、一番周りからの見え方が変わったタイミングってどのあたりだったのでしょうか？ 上場、それとも何か企画がヒットしたときですか？

柳澤 とてもよい質問ですね。確実に上場して変わった部分はあります。でも、そこまで何かに取り上げられて大きく変わったタイミングはないかもしれないです。どうだろうな。振り返ってみると、会社が伸びた瞬間は明らかにあって。それは増資や投資、事業売却を行ったときでしたね。

今瀧 当社も設立2年目に入り、これからどういう見られ方をしていくのだろうと考えているところで。僕たちの会社はメンバーの9割をZ世代が占めています。真面目に仕事をして、オンオフは切り分けているものの、上の世代から見るとサークルや、大学の延長線上で仕事をしているという見え方をされることもあります。自分たちはそういうところを変えるつもりはないのですが、一方で見られ方をどう築いていくかは難しいと感じていますね。

柳澤 カヤックの場合、緩やかに見方が変わっていった印象があります。僕らもずっとサークル集団と言われていました。最初は友達同士でやる面白法人なんて「ふざけんな、仕事をなめるな」みたいな人が多い印象だったけれど、それが徐々に時間とともに変わってくる。必ずそういう瞬間がくると思います。

今瀧 ありがとうございます。企画のつくり方から、会社の成長についてまでも教えていただき大変勉強になりました。貴重なお時間をありがとうございました。 **Z**

JT
日本マーケット商品企画部　ブランドマネージャー
黒髪 祥氏
Sho Kurokami

2016年にJTに入社、マーケティング部に配属。2年目にして火を使わず灰も煙も出ないたばこ「SNUS」のブランドマネージャーを経験。加熱式たばこ「Ploom」のPR担当を経て、現在「Ploom TECH」シリーズのブランドマネージャー。

若手マーケターが師匠に聞く❷

02 自分自身を「マーケターだ」と思い過ぎて 生活者をフラットに見れなくなることを恐れろ

JTでたばこのマーケティングに従事する黒髪氏が対談したのは、サントリーで数々の人気アルコールブランドのマーケティングに携わってきた酒巻真琴氏。生活必需品ではない嗜好品のマーケターに求められるスキルや視座を聞きました。

Z世代はこだわりも強いが、寛容
嗜好品の価値も柔軟に捉えてくれる

──お互いに嗜好品のマーケティングに携わっています。

黒髪 私は2016年にJT入社、現在は加熱式たばこ「Ploom TECH」シリーズのブランドマネージャーをしています。伸長が著しいノンアル市場や「翠」の成長の裏話からたばこマーケティングにも活かせるよう、勉強したいと思います。酒巻さんは入社以来マーケティングに携わっていらっしゃるのですか？

酒巻 私が最初にマーケティングに携わったのは「−196℃」という缶チューハイブランドで、入社から5年ほどたった頃でした。それ以来ノンアルコールブランド「のんある気分」の立ち上げや「金麦」「オールフリー」などのブランド担当を経て、現在はサントリージン「翠」などのブランドを統括しています。

黒髪 アルコールブランドの担当が多い印象ですね。アルコールの魅力ってどのようなところにあるのですか？

酒巻 これは私の原体験なのですが、アルコールの魅力に惹かれたのは大学生時代。成人して飲み会の場に参加するようになりますよね。いろいろと参加していく中で、お酒は人の心のハードルを下げてコミュニケーションを円滑にしてくれるものだと感じました。そこでお酒の魅力に気づき、飲料の業界を志望したんです。

黒髪 その頃からアルコールというプロダクトそのものではなくて、お酒を飲むことで得られる体験に価値を見出されていたのですね。その気づきは今の酒巻さんのマーケティングにも活かされていそうでとても興味深いです。

──ブランドの新規獲得を考えると、無視できない存在のZ世代。彼らをどう捉えていますか？

酒巻 物心ついた時から膨大な情報に触れているからか、

▼ M E N T O R ▼

サントリー
スピリッツカンパニー
RTD・LS事業部　事業開発部　課長
酒巻真琴 氏
Makoto Sakamaki

2001年にサントリーに入社。「－196℃」「のんある気分」をは
じめ、「金麦」「オールフリー」等のマーケティングを担当。現
在は「翠」や「翠ジンソーダ缶」といったスピリッツ・リキュー
ルブランドを統括している。

自分に必要な情報を取捨選択するのが上手であるという印象です。私の世代と違うと感じることは「フレキシビリティ」ですね。Z世代以上の生活者は一般的に、人生の選択でも、消費についても「こうあるべき」や「こうしなければならない」という意識が強かったと思います。しかしZ世代の生活者はそのような固定観念に縛られることなく、柔軟に物事を選択している印象を受けます。黒髪さんはミレニアル世代ですよね。Z世代は比較的近い存在ではないのですか？

黒髪　たしかに年齢は近いのですが、一言で表現するのが難しい世代ですよね。10人いれば10種類の価値観と意思決定がある。それは我々も同じなのですが、さらに細分化されている感覚です。1人につき複数の価値観があって、何千種類にもなっている印象があります。そんな中では私たちメーカーが、Z世代消費者に対してブランドの価値を定義することは難しくなると考えていますね。価値観が多様化しているので、あるセグメントに何かひとつのメッセージを打ち出したとしても、まったく刺さらないなんてこともあり得る世代だと思います。どのようにコミュニケーションをとればよいのか、頭を悩ませているところです。

酒巻　一人ひとりの価値観がしっかりしている分、よく考えて消費を選択しているのはZ世代の特徴でもあり興味深いですよね。自分にとって魅力的だと感じた情報に対してはあらゆるメディアから収集していくというか。

黒髪　そうですね。自分に対して価値があると判断した情報は貪欲に取りに行くという性格を考えると、Z世代に対してはあえてすべてを語らないのが重要かなと思います。例えばブランドの価値が10個あるとすれば、10個すべてを伝えたくなるのが企業側。でも押し付けが苦手なZ世代に関しては2個だけ伝えて、他の8個は皆さんの価値観に任せるという伝え方でも良いのかなと思ったりします。その方が「自分で選ぶ」というZ世代の消費のモチベーションも掻き立てられるのかもしれないな、と。

酒巻　今の話を聞くと、「いろいろな選択肢があるので自由に選んでくれればいい」ということを、いかに提示できるかが鍵な気はしますね。でも、このマーケティング手法は難しいと思いますが……。

黒髪　選択肢は用意したとしても、その中でどれが刺さるかわからないから予算投資を考慮すると企業側もリスクが大きいですよね。これがZ世代マーケティングは難しいと言われる理由なのかもしれませんね。

――アルコール市場においてはZ世代の消費に変化はあるのでしょうか。

酒巻　アルコール市場においては、いつの時代も「若年層は酒を飲まなくなった」と言われるのが常なんです。ですが、最近の20代の人たちに思うのは、お酒を飲むこと自体やお酒を飲む場はポジティブに捉えてくれているのではないかということ。これまでの世代よりも"行かなければならない飲み会"も減ってきているので、自分で行きたい飲みの場に行けるようになったのも大きいと思います。

黒髪 飲む"場"にポジティブになっているということは、味などの機能そのものに対する価値よりも、「体験」が重視されていると言えそうですね。

酒巻 その通りです。お酒を囲むと空間が柔らかく、楽しい雰囲気になることを良く思ってくれているのだと考えています。先ほど、Z世代は価値観が多様であるがゆえにブランド価値を押し付けられないということでコミュニケーションの難しさを感じると話しましたよね。ですが、彼らの性格である「多様な価値観を受け入れる姿勢」は、お酒のもたらす価値についてもフレキシブルに考えてくれると私は思っています。たしかにZ世代向けのコミュニケーションに難しさを感じることもありますが、彼らの性格をアドバンテージにもできる気がしています。

社内の声は社会の声ではない
マーケターは外との交流が必要

——続いて嗜好品のマーケティングについての話に移りたいと思います。

黒髪 酒巻さんは「のんある気分」をはじめ、新しいジャンルの商品開発に取り組んできた系譜があると思います。マーケターとして日々意識していらっしゃることをお聞きしたいです。

酒巻 世の中が変われば、そこにチャンスが生まれるはずということを前提に、世の変化を捉えるためにアンテナを張ることは意識しています。あとは懇親ですね。以前は社内でのコミュニケーションに注力していたのですが、最近は社外のまったく違う業界の方々との交流の機会を設けるようにしています。これは自分自身やチームの見聞や知見を広げるという意味で行っていること。変化を捉えるには社内や身内だけのコミュニケーションに留まっていてはいけないと思っていますね。

黒髪 私も同感です。どうしても仲間内というか、社内の人間とのコミュニケーションになってしまいがち。でも、これだと同じ考えの人が集まるばかりで周りが見えなくなってしまうんですよね。わからない世代を「エラー」として認識した時点で負けというか、内輪で話していることが「社会の声」になってしまいかねないと言いますか。

酒巻 そうですね。しかも私たちが扱っているのは嗜好品であり、生活必需品ではない。でも、誰かにとってはその人の生活を豊かにすることができるものなんですよね。そんな嗜好品を担当しているマーケターは、ブランドがユーザ

ーの生活にどう寄り添っていけるのかを考えなければなりません。

黒髪 生活に必要なものではないからこそ、どうすれば手に取ってもらえるかを常に想像する必要があるということでしょうか。

酒巻 その通りです。例えばどのようなシーンで利用しているのか、その利用シーンにおいて求められていることは何なのか…。これらを想像できないのであれば、ユーザーの生活を豊かにすることも、手に取ってもらうことも難しいと思っています。そして想像するには、いろいろな情報の収集源がないとできないと思うのです。なので、社外のまったく違う業界の方々との懇親を大切にしています。

> **マーケターである自分自身が
> ブランドの原体験を追い求め、
> 従事することが大切。**

黒髪 たしかに。マーケティング活動において生活者を知る際に最も使われるもののひとつが定量的なデータですが、それだけでは読めないニーズやインサイトが山ほどある。そういう意味では定性的なニーズがわかる直接のコミュニケーションの大切さを感じます。

酒巻 あと、自分自身のことを「マーケターだ」と考えすぎるのも控えるようにしています。というのも、マーケティング活動に従事する上ではいろいろなロジックや理由をつけて施策をうちますよね。それも大事なのですが、自分をマーケターだと思い過ぎたうえで考えてしまうと商品や生活者をフラットに見られず、よくわからないものになってしまいがち。「お客さま視点」とよく言われますが、マーケターである自分ではなく、生活者としての自分で考えてみることも大切にしています。

ロジックだけの施策ではなく
生活者の直感に訴えられるものを

——サントリーの中でも新しいカテゴリーである「翠」。そのマーケティング戦略についてお聞きします。

黒髪 「翠」はコロナ禍初期の2020年3月に発売されていますよね。コロナ禍はアルコール業界にとってもかなりの逆風になったと思うのですが、その中でも売上は成長を記録しました。しかも、「翠」ユーザーの約8割が新規のジンユーザーだと聞きました。どのようにこの数字を実現したのでしょうか。

酒巻 「翠」はそもそもジンを売ること自体が目的ではなく、

> 世の中が変われば、そこにチャンスが生まれるはず。マーケターはこの変化を捉えることが必要だと思う。

お酒の新たな楽しみ方としてハイボール、レモンサワーに次ぐ第3のソーダ割の提案を目指したという経緯があります。想定していた流れとしては飲食店に瓶をお取り扱いいただき、飲食店で飲んだお客さまがその後個人で購入、ご家庭で楽しんでいただくというものでした。ですが、発売直後に緊急事態宣言が発出され、想定していた施策を実行できなくなってしまったのです。一方で、コロナ禍で在宅勤務をする人が増え、家で過ごす夜の時間が長くなるという生活に変わっていきましたよね。家飲みの機会が増え、色々なお酒を楽しみたいというお客さまの要望と瓶の「翠」の特性がマッチして、結果的に多くのお客さまに手に取っていただくことができました。

黒髪 新商品を発売すると、マーケターはブランドの良さを全部伝えたくなってしまいますよね。新たな需要を創造

するわけなので、商品が市場に存在する意味をプレゼンしたくなるというか。でも「翠」は「それはまだ、流行っていない。」というメインコピーで商品の特徴の多くを語らない印象があります。メッセージも企業にとってはかなりチャレンジングだなという印象をうけたのですが、当時の感覚を教えていただきたいです。

酒巻 商品を開発していたときは素材の良さなど、開発に際してこだわった点を訴求したいという声もありました。「それはまだ、流行っていない。」というコピーは、たしかにチャレンジングだと思われるかもしれませんが、先述のとおり、新しいお酒の楽しみ方として、第3のソーダ割を目指し生まれたのが「翠」です。今はまだ知られていなくても、いつかはハイボールのように飲食店でも、ご家庭でも当たり前に「翠ジンソーダ」を飲んでいただくのが理想。そういう意味も込めて選んだものでした。

黒髪 ロジックでは説明できないような、どこか惹かれるものがあるコミュニケーションですよね。ブランドの性格とマッチしたメッセージは大事なのだなと改めて感じました。

——最後に嗜好品のマーケティングにおいて肝要であると思うことをまとめたいと思います。

黒髪 世の中になくてよいモノに対して、自分がどれだけ興味をもって選択して、考えていくことかなと思います。なくてもよいモノだからこそ、それがあることによる「豊かさ」。その良さがわからなければそれこそロジックだけで塗り固められたマーケティングになってしまうなと思いました。自分自身が商品やブランドへの原体験を追い求めることで得られることを大切にしながら従事していくことが必要なのではないかと学びました。

酒巻 黒髪さんと近いのですが、ロジックも大事だけれど直感に訴えかけられるコミュニケーションが嗜好品のマーケティングには必要だと改めて思いました。もちろんデータや仮説から左脳的に戦略を組み立てるマーケティングも必要なのですが、嗜好品だからこそ定性的な情緒に寄り添うことが大切なんですよね。

黒髪 商材の特性的にも、たばこと似通った部分がある酒類のマーケティングでしたが、今日の対談を通じて嗜好品のマーケティングに携わるうえで「生活者の気持ちを想像すること」の大切さを再認識しました。自分自身もたくさん多くのことを学べる機会になりました。貴重なお時間をありがとうございました！ **Z**

PART 6

今後に大注目、
Z世代クリエイターの感性

Z世代はデジタルネイティブとも言われ、物心ついた頃からインターネットやコンピューターやスマホデバイスのある環境で育ってきた。また、SNSが近くにあることが当たり前な世代であることも特徴のひとつだ。これまでにないユニークな感性で活躍するZ世代クリエイターはどのようなことを考え、日々活動しているのか。その感性に迫った。

GEN
Z

CREATORS

CREATORS

★

01

個性は無理に
つくるものではない
自分自身もイラストも
等身大で表現していきたい

企業から若年層へ向けてのアプローチでキーワードのひとつになっている「レトロ」。デジタル化が進んだ時代で育ってきたZ世代にとっては、少し古いことが逆に風情とも感じることも多いようだ。ヨシフクホノカさんが描くイラストも90年代を彷彿させるようなレトロポップな画風が特長。企業とのコラボレーションも後を絶えない。趣味として始めたイラストが仕事になるまでに、大きな役割を担ったのがInstagramの存在。気軽に拡散できなかったらイラストレーターになっていなかったとも話すヨシフクさんの価値観を聞いた。

イラストレーター

ヨシフクホノカ 氏
Honoka Yoshifuku

長崎県出身。大学在学中の2018年4月に福岡で自身初となる単独個展「ヨシフクホノカ イラストレーション展」を開催し、イラストレーターとして本格的に活動を始める。以降90年代を彷彿とさせるレトロでポップなアニメ調のタッチを武器に、黒い瞳の女の子たちを描く現在のスタイルを確立。昨年4月より活動拠点を東京へと移し、企業広告やファッション雑誌、アパレルブランドとのコラボレーション等幅広く精力的に活動している。

趣味で始めたイラスト
ただ描くだけでは満足しなくなった

——90年代を彷彿とさせるようなレトロな世界観のあるイラストが人気です。学生時代にデザインなどを学ばれていたのですか？

▶ 実は四年制大学の出身で、教育学部に通っていたんです。小学校の教員になろうか、それとも企業に就職しようかと迷っていたときに、趣味としてイラストを始めました。それから今まで作品をつくり続けて、3〜4年ほど前に長崎から上京してきました。現在はフリーランスのイラストレーターとして活動しています。

描き始めた当初はイラストを仕事にしようとは考えてもいなかったのですが、ただひとりで描き続けるだけでは満足しなくなってきて、ひっそりとInstagramを開設したんです。当時は投稿も自己満足で行っていたのですが、だんだんと見てくれる人が増えていって。その中でたまたまカフェの副店長をしていらっしゃる同年代の方が私のイラストを目に留めてくださり、個展を開くことになったんです。イラストを仕事にしてみたいと思ったのは、この出来事がきっかけでした。

90年代のカルチャーを彷彿させるようなレトロな画風だと言われていますが、ここ最近は、今っぽいファッションを取り入れようとも意識しています。イラストによっては、あえて90年代を意識しているものもありますが、まだイラスト制作を始めて4〜5年ほどなので自分の作品の在り方をいろいろと模索している段階ですね。

描く対象のメインは女の子なのですが、ファッションは現代風のものからレトロなものまで、多様な雰囲気で描けるように努力しているところです。

——Instagramに投稿を始めたのは、誰かに見てほしいとの思いがあったからなのでしょうか。

▶ そうですね。私のイラストを見ることによって生まれる感想や想いを聞いてみたかったというのが始めたきっかけでした。

SNSはフォロワーさんから簡単にリアクションをもらえる場ですし、手軽に始められるのが良いですよね。正直、

2022年6月25日〜7月10日、代官山「DRELLA」にて自身初のギャラリー個展「PLAYLIST」を開催した。

いろいろな人に見てもらうためのハードルがもっと高かったら、発信は行っていなかったかもしれないです。「大きなことをしてまで自分の作品を見てもらうなんて、そんな自信ないな」と躊躇してしまっていたと思いますし、イラストレーターにもなっていなかったかもしれません。

私たちの世代は思春期の頃からSNSでの情報発信を当たり前に行う環境で育ってきました。Instagramが身近にあったおかげで気軽に自分のイラ

ストの拡散を始められたと思っています。

自由は時に窮屈になる
条件つきの広告制作のほうが楽しい

——ご自身も広告のビジュアルに携わっていらっしゃいます。イラストを用いた好きな広告はありますか。

▶ 絵的におしゃれな広告。パッと見て「かわいいなあ」と思う、心が惹かれるような広告が好きです。

雑誌や小説の装丁デザインなども担当なさっている江口寿史先生を尊敬しているのですが、江口さんご担当されていた大塚製薬のMATCHや河合塾の広告は大好きです。見る人が作中の女の子に一目惚れしてしまうようなビジュアルは私も勉強させていただいています！

さかのぼってみると、初めていただいたお仕事が広告のお仕事でしたね。福岡に本社を置く西日本シティ銀行さんからいただいた壁面広告の依頼が初めての広告の仕事でした。私自身が長崎県の出身なので出稿当時も九州にいたのですが、広告になった自分の作品が街中に貼られているのをリアルタイムで見ることができて嬉しくて！ シンプルにめっちゃ興奮しましたね（笑）。

——趣味が仕事になり、自分の好きなものを描く時間も少なくなったと思います。そういったところに葛藤はないですか？

▶ 個人的には自分で自由に描くものより、広告やお仕事でいただくイラストのほうが好きです。もちろん自由に自分で描くことも楽しいのですが、断然クライアントワークが好きですね。

まだまだ発展途上。今描けるものを
磨きつつ、自分自身も作品も一緒に
成長していきたい。

自由すぎると逆に窮屈に感じてしま
うんですよ。描きづらくなってしまう
というか。広告はオファーやオリエン
を経て、表現の幅をあらかじめ決めま
すよね。条件がいくつかある中で自分
の持つ最大限の力を発揮することが必
要とされるのが広告のお仕事だと思っ
ています。その方が自分自身の殻を破
れるというか、燃えてくるんです。絶
対良いものにしたいって（笑）。

私に依頼してくださるクライアント
の方々は私のInstagramなどを見てよ
く知ってくださった状態で依頼してく
ださるので、「私の作風と方向性が違
うな」と思うことがあまりなく、いつも
ありがたく思っています。

ご理解のある方々に囲まれて仕事を
していると、私も「そういう表現の手
があったか」と学べたり、スムーズに
仕事に取り掛かれることが多いです。

——クライアントワークの方が好きと
のことですが、イラストの仕事におい
ては、どのようなところに楽しさを感じ
ていますか。

▶ クライアントさんのいる仕事は、作
品が必ず何かしらの形のある物になる
ことも好きな要素のひとつです。例え
ば広告だったらWebで使われたり、屋

外にポスターとして貼られて誰かの目
に留まったり、パッケージデザインや
書籍の装丁だと商品になってお客さま
の手元に届きますよね。必ず物になっ
て世に届けられることが決定している
と思ったらとてもやりがいを感じます。
お仕事で描く作品は一人で描いている
というより、誰かと一緒に作業してつ
くり上げているという感覚ですね。商
品と私のイラストがどう相乗効果で発
揮されるのか、いつもわくわくしながら

進めています。

例えばスニーカーブランドであれば、
イラストの女の子にその商品を履かせ
てみる。それで女の子自体がかわいく
なると私も嬉しいですし、スニーカー
の見え方もイラストの女の子に履かせ
ることでよりかわいさが増すことになる
かもしれません。私の作品と商品が掛
け合わさったときに、どんな化学反応
が生まれるのだろうかと考えると、楽
しくなります。

このような感じで、クライアントワークは自分ひとりでつくっているというより、誰かと一緒に作品をつくりあげている感覚になれる。一人作業はたまに寂しいので嬉しいです（笑）。

個性は必要、でもイラストはあくまで等身大で描いていたい

——ヨシフクさんが広告の仕事に携わる際に、最も大事にしていることはありますか？

▶ 広告は商品によってターゲットがきっちり決まっていると思います。それ

ヨシフク氏のInstagramアカウントの投稿。イラストができるまでの過程をファンに届けることで、ワクワク感を創出している。

でも私自身は幅広い性別や年代に刺さるのがよい広告だと考えています。その点で、できれば小さいお子さんやご年配の方々が見ても、「かわいいな」と思ってもらえるようなイラストを意識しています。

老若男女問わず受け入れられるイラストを描いていたいと思いながらも、世の中にありふれている作品を模するのでは意味がありませんよね。「この広告のイラストにはヨシフクホノカじゃ

ないと！」と思ってもらえないといけない。ですが、あまりにも個性が強すぎたり、刺激的だとあまり広い世代には刺さらないと思いますし。そのバランスは難しいなと感じていますね。

——多様な広告に使われる汎用性の高さと個性を兼ね備えているイラストというイメージでしょうか。

▶ そんな感じです。でも難しいですよね。個性ってすごい大事ですし、素敵だと思います。私の周囲のクリエイターさんたちも個性が強い方が多くてとても魅力的です。

ですが、そういう方々と比べると、自分の個性は強すぎないのではないかという気がしています。だからこそ、汎用的に作品を使ってもらえるように努力したいと思っています。個性がまったく必要ないわけではないと考えているのですが、無理やりつくるものでもないのかもしれないと思っていますね。あくまでイラストも等身大で描けたらと思っています。

まだまだ発展途上 自分も作品も成長していきたい

——イラストを描く際に、一貫して意識している軸はありますか。

▶ 先ほどもお伝えしたように、私のイラストには女の子を登場させることは多いのですが、軸と問われると言葉にするのは難しいですね。かわいいだけではない、知性も感じることができて、どこか大人っぽい……。見てくれた人が憧れをもってくれるような、そんな作品を描けるようになりたいと思いながら活動しています。

この前、ファンの方から「ダイエットのモチベーションにしています」とお声がけいただいたことがあって、とても嬉しかったんです。自分の作品が誰かの目標や憧れになっていると直接感じられた瞬間で、とてもやりがいを感じましたね。

ですが、常に「憧れを持ってほしい」と考えながら描けていないこともあり、まだまだ力不足だなと思うことも多々あります。もっとうまくなりたいです。

——今後どのようなイラストレーターになりたいと考えていますか。

▶ 画力がほしいなと思うことが多いです。「これ描きたい」と思ったときに、もうちょっと画力があればもっとかわいく描けるのに、と悔しく思うこともあります。見ている人にとっても新しく、いつもとちょっと違う感じの絵も見てほしいですし、自分もワクワクする絵を描きたいと思うのですが、そういうときにもっと画力がほしいと思いますね。

きっと、絵がうまくなればこだわりや新たに描きたいものが湧き出てくるのだと思います。まだまだ模索中というか、発展途上。これからメキメキ成長していきたいと考えています。

今描けるものを磨きつつ、自分自身も作品も一緒に成長できるようなイラストレーターになっていきたいです。Ｚ

映像好きとつながる、作品をつくる、公開する、反響をもらう……病みつきになるほど楽しいサイクルの裏にはいつもSNSの存在があった

Z世代を語るうえで、必ずと言っていいほど話題にあがるのがSNSの存在。彼らの人格形成に大きな影響を与えることはもはや常識になっている。KDDIや資生堂、本田技研工業などの大手企業広告をはじめ、ゆずやV6、スキマスイッチといった著名アーティストのMVの撮影を手がける林大智さん。彼の活動の裏にも、常にSNSの存在があった。

カメラマン／撮影技師
林 大智 氏
Daichi Hayashi

1996年生まれ。名古屋出身 東京在住。広告やMV、映画やドラマなどの撮影を手がけている。日藝映画学科 撮影専攻卒。TOKYOmanagement所属。

物心ついたときから
ホームビデオ担当は、僕でした。

——25歳でフリーランス。まだお若いですが、いつからカメラマンとして活動しているのでしょうか。

▶「自分はカメラマンだ」と名乗り始めたのは大学生のときだったと思います。自分ひとりで完結する作品ではなく、世に大きく出る作品に携わりだしてから、仕事としての撮影を意識し始めたのかもしれません。

ただ「いつから？」と問われると、ちょっと答えに窮してしまいますね。というのも一番初めにカメラを触ったのは、記憶もないくらい幼い頃でした。物心ついたときからホームビデオのカメラを回すのは僕の担当で、小さいながらに家のカメラで家族の姿や周りの風景を撮影していたんです。もちろん最初は遊び感覚ですが、その「楽しい」という気持ちを大人になるまで大切に持ち続けた結果、フリーランスのカメラマン、映像技師として活動するようになりました。

このような感じで、僕自身が楽しいと思うことの延長線上に「撮影を仕事にする」という選択肢があっただけなので、「いつから？」と問われると、その明確な時期は自分でもわからないんです（笑）。

初めて自分でカメラを買ったのは中学生の頃でした。被写体が家族から「自分の撮りたいもの」に変化したのもそれくらいからだったかなと思います（笑）。

ただ、カメラを買ったことをきっかけに、何かを撮影するだけでなく、「映像作品」をつくる楽しさを強く意識するようになったと思います。撮り方はインターネットやYouTubeを見ればわかりますし、誰かが直接教えてくれなくても一人で自由に映像をつくることができると気づいたんです。これまで

林氏が携わったクリエイティブ。**1.**ゆず『NATSUMONOGATARI』MV 。**2.** YAMAHA テレビCM / Global BrandMovie「DISCOVER TRUE SOUND」。

よりも、好きなことをできるようになったことが「映像」への気持ちを増幅させたのかなと思います。

高校生になってそれらの作品をSNSで公開するようになりました。理由は「反響を求めていたから」です。

つくったものを自分の中だけに留めておくのではなくて、公開することで誰かからの「リアクション」を求めていたんです。リアクションがあることで自分の作品の現在地もわかりますし、誰かに届いたとわかるだけでも自己満足で終わらない作品になれていたんだと思えることが、とても嬉しくて……。自分のつくったものを発信するという選択肢が身近にあったことも、僕が今フリーランスで活動できて

いる大きな理由のひとつだと思いますね。

——林さんにとって、SNSでの「反響」の存在は大きいのですね。

▶SNSの存在は、たしかに今の自分の活動に大きな影響を与えてくれていると思います。発信することに何の不思議も感じないですし、SNSに投稿した映像を見て、実際に同年代のクリエイターが「一緒につくりませんか？」と声をかけてくれることもあります。

ここで気がついたのは、SNSで仲間とつながり、チームでひとつの作品をつくることの楽しさでした。

もちろん、それまで通り一人で淡々とつくり続けることもできたのですが、

映像制作を続けていくうちに、質の高い「コンテンツとしての映像」をつくってみたいという気持ちがだんだん強くなっていたんです。

チームだと企画力に長けている人もいれば、監督・ディレクションがうまい人もいる。いろいろな分野を得意とするメンバーが集まって完成する作品は、自分だけでつくるものよりもはるかにクオリティの高いものになると感じましたし、制作過程の雰囲気も僕の性格に合っているなと思いました。

映像が好きな人たちと、ひとつの大きな作品をつくって、世に送り出して、感想をもらう。このサイクルが僕にとってはこの上なく楽しくて、病みつきになっていったんです（笑）。

そういう活動を続けていく中で、「今後自分が選ぶ職業も、きっとこういう道なんだろう」と自然と考えるようになっていました。その流れで芸術学部の映画学科に進学し、映像を仕事にすることへの現実味がより湧いた感覚がありましたが、先ほども話したように、「仕事にしたい」という気持ちよりも「楽しいから続けたい」という想いが強かったからこそ、これまで続けられているのだと思います。

メッセージ性が高い作品が好き
誰かの心に残るものをつくれたら

──作品に携わるうえで、意識していることはありますか。

▶ 必ず大切にしたいのは「誰かの心に残るもの」をつくりたいということ。ありきたりですが、これが一番です。

これは先ほど述べた「リアクションがほしい」ということと通じるものがあると思うのですが、「完成した」という達成感も大事ですけど、それと同じくらい、周りの方からのフィードバックや反響に嬉しさを感じるんです。

この性格は、もしかしたら僕の世代がデジタルネイティブでSNSが身近にあったからこそ、思うことなのかもしれません。YouTubeのコメントにしても、SNSの「いいね」にしても、「心が動いた」ということが僕にもダイレクトに伝わりますし、やってよかったと思えますよね。

自分の好きな絵や色、ルックなど自分にとって心地良い映像であることはマストの要素として、その先で誰かの心に響いていてほしいなと思っています。

──林さん自身は、どのような作品に心が惹かれるのでしょうか。

▶ 最近はSNSで見たものやWebCMに感化されることが大半を占めているような気がしますね。というのも、テレビをあまり見なくなってしまって。自分の好きなルックやテイストの作品があれば、携わっている監督さんやカメラマンを調べ、その人のポートフォリオを見て勉強することが多いです。

自分の好きな作品をつくっている人ばかりをフォローしていると、タイムラインには全部僕のお気に入りのものが表示されますよね。影響をうけないはずがないです（笑）。

これでは作品に偏りが出てしまうのでは？という声もあるかと思いますが、自分の作品の色や特徴を見つけ出すためにも、僕にとっては重要なことだなと思っています。

もう少し具体的に言うと、その作品を見て泣けたり、笑えたり……。感動するという文字通り、「感情が動く」ものが好きです。

必ず大切にしたいのは
「誰かの心に残るもの」をつくりたい
ということ。ありきたりですが、
これが一番です。

広告でも、商品を前面に出しているクリエイティブというよりはメッセージ性が高い作品が個人的には好みです。ひとつのコンテンツや、ひとつの映像作品として成立するような広告に携わることができたらなと思います。

いつも活動の背景にあったSNS なかったら、ここまで続けていない

—— MVと広告の制作においては、それぞれで考え方に違いはありますか。

▶ 自由度はMVのほうが高いですよね。屋外での撮影であれば一瞬の自然光だったり、風だったり、影だったり、自分が「これはいいな」と思ったことを監督に自由に相談しながら、都度でよいものをつくっていくような感覚がMVや短尺の映像にはあります。現場でのクリエイティビティが求められるようなイメージですかね。

かといって広告の制作が苦手というわけでは全くありません！

広告の撮影で面白いのは、あらかじめ決まっている絵コンテや企画という「枠」の中でどれだけ自分のパフォーマンスを発揮できるかを考えられるところですかね。MVと違ってその場の状況で内容に変化が起きるようなことはほぼないので、その中で最大限に見せられる努力ができるところはとても魅力的です。

—— 現場の話が出ましたが、有名企業の広告に携わるとなると、一緒にチームとして制作する方々は大先輩ということも多いですよね。

▶ 明らかに最年少であることが多いです（笑）。「とてつもないことをやらせてもらってる」といつも感じています。

実は少し前までは撮影の前は緊張して胃が痛くなって、眠れなかったこともありました。

自分がどれだけ大きな仕事に携わっていて、継続的に仕事が決まったとしても、学生の授業とは違うのでしっか

りとしたフィードバックはもらえるわけではないですよね。そういう意味では、自分の持ち味や強みのようなものをどこに見出せばよいのかがわからなくなるときがあるんです。

でもSNSで「これ見たよ！」とか「感動した」と言ってもらっているのを見ると、結構自分の自信に繋がっていたりします。

こう振り返ってみると、自分の制作活動の背景にはいつもSNSがあったんだなということに気づかされますね。つくったものを投稿したからこそ、いろんな人に声をかけてもらって、誰かと一緒に面白いものをつくる。そしてつくったものを公開するのも、反響の声を聞くのも全部SNS。

そういった繋がりがなかったらここまで続けられていないかもしれませんし、それが当たり前の環境で育ったことが自分自身にも合っていたんだと思います。

この先、自分が年齢を重ねていくとどのような価値観に変わっていくのかはわからないですが、僕の活動の原点は、映像を撮影することが楽しいという気持ちです。

今はCMやMVなどの短尺の映像を中心に活動していますが、今後、もしかしたらVRに関わり始めるかもしれないですし、映画などの長尺作品にチャレンジするかもしれません。次の自分自身が何を「楽しい」と思うのか、僕もとても楽しみです（笑）。 **Z**

3.早稲田アカデミー ブランドムービー「虫好きの少女」篇。4.第一三共ヘルスケア ミノン アミノモイスト テレビCM「自信が出てきた。私も。肌も。」篇。

PART —— 7

GEN
Z

ENTREPRENEUR

Z世代の起業家が考える
社会とビジネスのこれからの関係

環境問題やジェンダー平等、人権など、学生時代から社会課題に触れる機会が
多いと言われるZ世代は、これからの企業の「成長」をいかにとらえるのか。
自身で会社を立ち上げ経営を行っているZ世代経営者3人に考えを聞いた。

※本章は、月刊『宣伝会議』2022年6月号を再編集したものです。

ENTREPRENEUR

Z世代経営者は何を目指すのか？ 3人が考える新たな指標

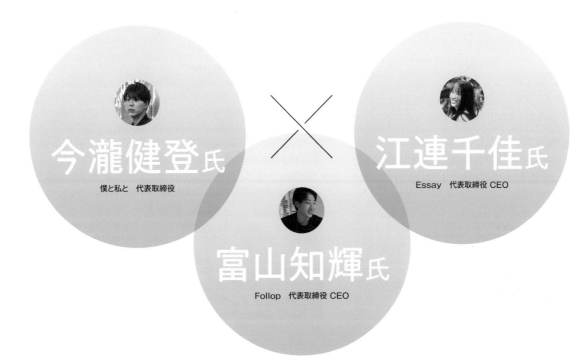

今瀧健登氏
僕と私と　代表取締役

江連千佳氏
Essay　代表取締役 CEO

富山知輝氏
Follop　代表取締役 CEO

"好感度"に"社会へのインパクト" Z世代が考える新たな指標

——起業し経営を行っている皆さんですが、「売上拡大」以外に、企業の成長を表すことはできると思いますか。

今瀧 私はZ世代に関する企画・マーケティング事業、ブランド事業を展開している、「僕と私と」という会社を経営し、複数のブランドを立ち上げているのですが、自身の経験からも、"企業好感度"や"ブランド好感度"は目標・指標になりうると考えています。

「売上」は企業にとって重要なもの。しかし少子高齢化によって、日本の消費市場は縮小しており、売上を高め続けるのは非常に難しいです。そこで重要なのが"好感度"です。大手企業であったとしても、事業を撤退したり倒産したりといったことが少なくない時代。逆にスタートアップでも大きな注目を集め、話題を生み出している企業もあり、商品を買うにしても、就職先を検討するにしても、選択肢が以前と比較して増えました。多くの選択肢がある中で、これからの未来を担う若い世代が何を考えて企業やブランドを選んでいるかというと、「自身がなりたい姿・叶えたいことに近づくことができる企業・ブランド」「共感できる企業・ブランド」を選んでいるように思います。消費行動がある種の投票になり、企業やブランド自体を"応援したい"から購入する、というパターンが多くなっています。そのため、応援されて、愛されていることを示す"好感度"が大切なのではないかと思いますね。

江連 今瀧さんの"好感度"が指標になるという考えは私も同意です。新規顧客の拡大を目指すだけではなく、いかにリピートしてもらうかがとても大切で、そのためにはブランドそのものを応援してもらい、愛してもらうことが重要だと思うからです。

私は「I _ for ME（アイフォーミー）」というブランドを運営していて、女性向けにショーツを履かなくても着られる部屋着「"おかえり"ショーツ」を販売しています。運営においてさまざまな指標をとっていますが、一番大切なのが「プロダクトの購入有無にか

かわらず、ブランドの世界観にとにかく共感をしてくれていて、世界観を好きでいてくれているコアなファンがどれだけいるのか」。これをファンコミュニティに入会しているファンの数で測っています。

また、"好感度"という軸とは別に私が指標のひとつだと考えているのが、自社の行っている活動が"本質的に社会にインパクトを与えられているのか"です。私が経営をしている「Essay」ではジェンダーの課題を扱っていて、女性が悩みを口に出しにくい社会の構造に対して問題提起をすることを目的に、プロダクトやブランドをつくっています。また、服飾系の商品の背後には、児童や女性の労働力を搾取するといった社会課題も世界的にはあるため、この点にも配慮できているのか、問題提起し続けられているのかは、日々意識をしていますし、お客さまにもこうした思いを伝え、理解していただいた上で、信頼してブランドを選んでほしいと考えています。起業をして「株式会社」という形態をとっているのも、消費者に直接メッセージを届けられると考えたからです。なので、もし他により良い手段が見つかれば、別の方法をとる選択肢も常に視野に入れられるよう、「社会にインパクトを与えられているのか」をウォッチし続けています。

富山 私もお2人の"好感度"が指標になるという話に賛成です。経営している「Follop」は、「クリエイターエコノミー」の実現を目指して、デジタルマーケティングや、インフルエンサー支援、クリエイター教育などを行っている企業です。私自身が直接ブランドを運営している訳ではないので、普段かかわるインフルエンサーについて話せればと思います。

インフルエンサーと企業とをつなぐ中で、インフルエンサーに「どのよう

"企業好感度"や "ブランド好感度"は
目標・指標になりうる ——今瀧氏

今瀧氏が代表を務める「僕と私と」では、Z世代に関する企画・マーケティング事業のほか、花のある暮らしを支援する「HANARIDA」やフルーツビール「Aika」など、多数のブランドも手掛けている。

な商品を扱いたいか」と聞くと、「"信頼性"のある商品」という答えがよく返ってきます。単純に収入だけを考えると、単価が高かったり、売上が非常に伸びていたりといった商品もあるのですが、それでも信頼性のない商品などを扱うと長期的な視点で見た際に、インフルエンサー自身の信頼の低下にもつながりかねない。なので、信頼性のある商品を扱いたいし、視聴者・フォロワーからの信頼を大切にしたいと考える人が多いです。この"信頼"はお2人がいう"好感度"と、イコールと考えられるのではないかなと思います。

"信頼"や"好感度"を測る方法としては、エンゲージメント率やファンの熱量が、ひとつの指標だと考えています。ただ単に数値を追うだけでなく、コメ

ントなら、どのような動機でコメントをしているのかまで、しっかり見ることが大切ですね。定量化しにくい部分なので、指標として示すのはなかなか難しく、課題なのですが…。

経営に対する世代間ギャップは？「経営」の目的は多様に

——経営者としてさまざまな立場・年代の方と話す機会が多いと思います。いま話していただいたような「目標」「指標」についての考え方で、世代間ギャップを感じることなどはありますか？

江連 私は起業して「"おかえり"ショーツ」をつくっていく中で、多くの人に話を聞いたのですが、その中でギャップを感じるシーンが多くありました。

先ほど話したように、「I _ for ME」はアパレル業界の背後にある社会問題を前提に考えていて、「その製品がいつ、どこで、誰によってつくられたのか、加工されたのか」が全部わかるような布を採用しています。しかし、「もっとコストを下げた方がよい」「そこにコストをかけすぎない方がよい」といったアドバイスも多くありました。商品のカラーも、衣料品ロスの観点で在庫を減らすために、今は1色なのですが「多色展開した方が売れる」という意見もありますし、同じくロスがでないように受注生産をしているのですが、「在庫を持って、はやくお客さんに届けた方がよい」という話もありました。たしかに、売上を高めることを目的とすればその方が効率はよいのかもしれません。ただ、私が会社を経営している目的は、社会課題に対する問題提起を行うためです。問題提起しているブランド自身が、多くの衣料品ロスを出すなどしていては、説得力がないですよね？ このような経験から経営する目的に対して、ギャップを感じました。

今瀧 本来であれば、受注生産はリスクが小さく、安定して経営を続けられる方法のはずです。ただ、根底に"売上を拡大し続けねばならない"という思いがあると、効率性を重視しようという考えが出てくる…。

江連 そうですね。お客さまに対しては、実際に注文をいただいてから商品が到着するまでお待たせしてしまうのは事実なのですが、「なぜ時間がかかるのか」「どうして受注生産をしているのか」をきちんと説明すれば、皆さん納得してくれます。思いに共感してブランドへのロイヤリティが上がることもあります。私のような、「何か解決したい問題があり、起業はそれを解決するための手段のひとつ」ととらえる人がZ世代には増えているように思うので、このギャップを感じている人は他にもいるのではないでしょうか。

今瀧 江連さんのような目的を持って起業する人が、私たちの年代や、さらに下の年代には増えているように思います。これはSNSが普及し、社会や世界とつながりやすくなったことが要因。学校で教わったこと以外にも"正解"があると知ることができて、色々な人の考え、働き方を知ることで、「"売上を上げる"ことだけが"幸せ"ではないと知った」という感覚かもしれません。とはいえ、「売上」はビジネスをし続けるために必要なものであるのは確かなので、これまで長く経営をしてきた方の知恵と、Z世代などが解決したい課題があわさってハイブリット的にうまく回っていくと、何年後かには皆が新しい指標を見られるようになっているのではないかとも思いますね。

他にもギャップを感じる面としては、SNSに対する価値観の差も感じています。私たちはTikTokなどのSNSでファンと呼べるようなフォロワーさんが一定数存在すれば、色々なことができる、少し大げさに言えば"何でもできちゃう"と考えます。ただ、この価値は売上に直結するのかが見えにくいものでもあります。短期的に数値で効果が見えない価値を、測定できないからという理由で見ない、というパターンもよくあって。これはブランド価値につながる話なので、1年後、2年後、もしかしたら10年後などに、効果が返ってくるかもしれない話なんです。

社会に問題提起し続けられているのかも、指標のひとつ ——江連氏

江連氏が立ち上げた「Essay」のブランド「I _ for ME」では、「次の時代を生きる女性へ、"わたし"らしくある自由を届ける」をビジョンに掲げ、日本初のショーツのいらないリラックスウェア「"おかえり"ショーツ」を販売している。

富山 クライアントにも、やはり短期的な売上や数値を重視する傾向はありますね。ただ、社会課題やSDGsを訴求するブランドも多く出てきている中で、単なる売上拡大を狙った戦略がマッチしなくなってきている状況があります。これまでの会話の中にも、何度か同じような内容が出てきていますが、いま重視されているのはやはり、ブランドの背後にあるストーリー。消費者が共感するストーリーを発信し、体現しているブランドが今の時代にあっているように思います。

私は留学経験があり、海外企業の経営にも興味があって勉強をしているのですが、アメリカなどはこの流れが本当に顕著で、ほとんどの企業がサステナブルの軸を経営に取り入れていますし、それが実行に移せている。消費者についても、アメリカの方が企業のESGやSDGsに対する取り組みを評価しているのが消費にも見られており、地球に対して皆が課題感を持ち、存続させようという意識があるのを感じますね。

例えばアメリカで人気の靴、アパレルメーカーの「Allbirds（オールバーズ）」は、「ビジネスの力で、気候変動を逆転させる」ことを掲げており、天然素材の採用やカーボンフットプリントを全商品に記載、生産工程においても地球への負荷を減らすべく活動をしています。環境に優しい商品を買ったり、商品を長く使ったりすることの価値を発信し、それに共感したファンが購入するという好例だと思います。

環境配慮と顧客満足の両立に向け企業が果たすべき責任は

——「地球環境への配慮」と「顧客のユーザビリティ」について、どのようにバランスをとるとよいと思いますか。

江連 「地球環境への配慮」と「顧客のユーザビリティ」がトレードオフでは

いま重視されているのは、ブランドの背後にあるストーリー ——富山氏

SNSの投稿が一瞬でキャッシュに変わる

Follop

富山氏はインフルエンサーマーケティングプラットフォーム事業、SNSマーケティング事業などを行う「Follop」を経営。インフルエンサープラットフォームアプリ「Follop」やインフルエンサーのSaaS「Follop Subscription」などを運営している。

ないように思います。ホテルのアメニティ廃止などが例に当てはまると思いますが、以前「アメニティは全部持って帰って、家でも使ってください」というメッセージを添えているホテルがありました。このように、両立する方法はあるように思います。

今瀬 私はまず第一歩として「選択できるようにする」ということがあるのではないかと考えます。ホテルのアメニティなら、使いたい人だけもらえる仕組みにする。ただ、その後ろに「地球環境のために」といった貼り紙を用意して説明するなど、企業としての姿勢を示すことが重要ですよね。一人ひとりが能動的に動かなければ、この課題に対する解決のアクションはその場限

りの一過性のものになってしまう。理解し、自分で考えて選択できるように企業は後押しをするべきだと思います。

富山 一般消費者には、地球環境のことはわかっていながらも、自身の生活に落とし込むまでには意識していない人も多くいますよね。なので、企業がしっかりと説明をして小さなことから消費者に意識してもらい、最終的には一人ひとりが自発的に、環境に配慮した行動をするようになることを目指していくとよいのではないかと思いました。 ☑

PART ⟶ **8**

GEN
Z

PROMOTION

Z世代向け キャンペーン秀逸事例10選

共感されるコミュニケーションが難しいとされるZ世代向けキャンペーンの秀逸事例を編集部が10社選定。宣伝会議が発刊するメディアに掲載された事例を総まとめで紹介する。

NTTドコモは、新たな料金プラン「ahamo（アハモ）」を2021年3月26日より開始。サービス開始に先立ち、新テレビCM「ahamoはじまるよ」篇を同年2月24日から全国でオンエアした。

PROMOTION

01

若年層がターゲットの新テレビCM
「これまでにないフレッシュさ」を演出

CLIENT NTTドコモ テレビCM『ahamoはじまるよ』篇

※本記事は月刊『宣伝会議』2021年5月号の再掲載

新たな携帯契約先として
第一想起をされるように

NTTドコモは2021年3月26日、新たな料金プラン「ahamo（アハモ）」を開始。そして開始に先立ち、女優の森七菜さん、俳優の神尾楓珠さんが出演する新テレビCM「ahamoはじまるよ」篇の放映を同年2月24日から全国で開始した。

「ahamo」のコンセプトは、Z世代と呼ばれる20代を中心とした若年層に寄り添い、一緒に成長していくこと。ニューノーマル時代のスタンダードとなる料金プランを目指している。

同プランを設定した背景についてNTTドコモ プロモーション部 村田昭子氏は、「ドコモ契約者に占める20代の割合が低いことが課題になっていた」と明かす。「社会人となるタイミングで親名義から自分名義へとスマホを切り替える方が多数いることから、契約先として『ahamo』を第一想起してもらえるよう、20代をターゲットとした新料金プランを設定しました」（村田氏）。

「オシャレ、カッコいい、憧れ」
コンセプトをCMで表現

新テレビCMでは森七菜さん、神尾楓珠さんを起用。グラフィカルな映像の中で「オシャレ、カッコいい、憧れ」をコンセプトとした世界観を表現した。

村田氏は、「CMを通じて"シンプルでわかりやすいプラン"であることと、日本全国で"つながるスマホ"であることを伝えたかった」と話す。

「ahamoは設計段階からターゲットである若年層にも『わかりやすく、契約しやすいプラン』をコンセプトとしていました。それをCMでも表現しようと考えたのです。また、価格の安さからつながらないエリアや時間帯があるのでは？といった声もあったので、これまでと変わらない快適なネットワーク品質で使用できることも訴求ポイントにしました」（村田氏）。

楽曲はYOASOBIによる
書き下ろし曲を採用

今回の「ahamo」のプロモーションではテレビCMも実施しているが、ターゲット層はテレビをあまり視聴しないデジタルネイティブ世代。テレビCMの是非は社内でも問われたというが、コロナ禍によりテレビの視聴時間が増加傾向であることや認知効率の観点から実施に至ったという。「制作にあたっては、ターゲットに向けたCMとなることを特に意識しました。思わず目を惹きつけられるようにグラフィカルでカラフルな映像とすることはもちろんですが、ターゲットと同世代の森七菜さん、神尾楓珠さんにご出演いただくことで、これまでのドコモにないフレッシュさを演出しました」(村田氏)。

さらに、楽曲は若者から圧倒的な支持を集めるアーティストYOASOBIが書き下ろした「三原色」を使用。SNSでの話題化を図った。

ahamoは実店舗ではなく、申込みからサポートまでをオンラインで受け付けるプラン。その特徴やターゲットとの親和性を鑑み、同時並行でahamo公式SNSやYouTube、Web広告などデジタル面での露出も強化。ahamoの認知拡大と先行エントリー

ahamo公式SNSでは、出演者の神尾楓珠さん(上)と森七菜さん(下)からのコメントも掲載した。

の最大化を狙ったという。

その効果もあり、2020年12月からスタートした先行エントリーは2月末時点で160万人を突破。2021年3月26日のサービス開始に合わせ、3月下旬からは新テレビCMの第二弾が放映されている。 ☑

キャンペーン期間:
　2021年2月24日〜2022年3月21日
2月24日　CMリリース告知、テレビCM、
　　　　　動画公開、公式SNS配信(Twitter、
　　　　　LINE、Instagram)、Web広告
3月26日〜　サービス開始

広告会社／電通
CD+PL+AD ／川腰和徳
CMPL+CW ／渡邊千佳
CMPL ／鈴木健太
PL ／佐藤佳文、森田隼司
AD ／永井淳也、花木大樹
PRPL ／根本陽平、辰野アンナ
CP ／石渡舞、吉井俊太郎
AE ／片山享、佐藤太亮、増田勇樹、田村顕一朗
PR ／城殿裕樹、竹内良輔
PM ／皆川康彦、後藤崇平
D ／牧野惇
PH ／内川聡
LD ／鈴木康之
CG ／立川卓
MUSIC ／ YOASOBI

ahamoはその価格の安さから、つながらないエリアや時間帯があるのではとの声を踏まえ、これまでと変わらない快適なネットワーク品質で使用できることも訴求したという。

大塚製薬は「ポカリスエット」のテレビCM『でも君が見えた』篇の放映を2021年4月9日より開始した。

キーワードは「FIND MY WAY」
自分の道へ楽しく逆行する姿を描く

CLIENT ▶ 大塚製薬 ポカリスエット テレビCM『でも君が見えた』篇

※本記事は月刊『宣伝会議』2021年7月号の再掲載

ポカリは応援する立場から
優しく寄り添う立場へ

大塚製薬は「ポカリスエット」のテレビCM『でも君が見えた』篇の放映を2021年4月9日より開始した。同テレビCMでは「FIND MY WAY」をキーワードに、女優の中島セナさんが、学校の廊下を他の生徒とは違う方向へ駆け抜けていく姿をダイナミックに描いている。

新CMを企画するにあたり、「ポカリスエットとしてのチャレンジがあった」と話すのは、大塚製薬ニュートラシューティカルズ事業部宣伝部の上野隆信氏。「今年のポカリスエットのチャレンジは『変わること』でした。『頑張れ』と応援するだけでなく、汗をかい

ているすべての人に、優しく寄り添いリスペクトしていかなければいけないと考えました」。

同CMの監督を務めたのは、数多くのCMを手がけ国内外で高い評価を受ける柳沢翔監督。監督との初回打ち合わせの際、上野氏らは「ヒロインが自分の道へと楽しく逆行していく姿を描きたい」と伝えた。すると監督から、「すごく些細なこと、例えば『一緒に帰ろう』と友だちに伝えるためだけに逆走していくのは、身近に感じてもらえるのでは?」との提案を受けたそうだ。そこに、ポカリスエットを象徴するモチーフとして「風」の表現を用いた。

前述の通り、今回のCMのキーワードは「FIND MY WAY」。自分の道を進むのは大変だけど、そこにはきっと、

たくさんの喜びが溢れている。一緒に走る仲間がいれば、もっと勇気が湧いてくる。迷いながら、それでも前を向きながら、今を生きるすべての人に、ポカリスエットもまた寄り添い、力になりたい、というポカリスエットとしての姿を「手をのばそうよ。届くから。汗が私をつれていく。」というコピーとともにCMに落とし込んだ。

話題性を最大限にアップさせる
まるで映画のようなPR戦略に

CMは10代の中高生をメインターゲットに置きながらも、その他の世代にも見てもらえるように全体を設計した。そのひとつとして、CMの公開と同時にメイキング映像も公開。「撮影現場の裏側を知り、そしてまたCMを見たく

なる、誰かに話したくなるものを目指した」と上野氏が話すように、同CMには数多くの秘策が隠れている。

全長85ｍの長い廊下は学校を再現した舞台セットを制作し、一本撮りのように見せる演出を行った。うねるような動きを見せる床や天井は、それぞれに仕込まれた特殊なローラーを、ヒロインが走るのに合わせて人力で動かしているほか、短冊のカーテンに廊下の絵をプリントし、「風」を演出している。CMで使用している楽曲「BLUE SOULS」は2021年4月9日から21日までメンバー非公開となっていた「A_o（エーオー）」が担当。初出の段階では未発表だった主題歌についてもCM公開以降、「歌っているの誰？」といった声が多くあがり、SNS上ではアーティストを特定するコミュニケーションが生まれ、さらに話題を呼んだ。CMの映像クオリティーに注目が集まる中、2021年4月21日に「A_o」の

正体がアイナ・ジ・エンド、ROTH BART BARONの2名であることを、YouTubeライブで公表し、さらなる盛り上がりを見せた。

CM発表時もこだわったと上野氏。映像クオリティを認知してもらうため、まるで映画のようなPRを実施した。「CMでありながら、従来のプレスリリースを映画のパンフレットに見立てた形で作成し、メディアだけでなく、映画評論家に対し、パンフレット配布とCM本編・メイキングムービー・ヒロインムービーの個別オンライン試写会をCM本編公開前日の2021年4月8日に実施しました」（上野氏）。

SNSでは、「ポカリのCM最高」「このCM、CGじゃなくてセットなの？」「床が動いていてクオリティがすごい」「芸術的」「すごすぎて泣いた」といったCMの完成度の高さを称賛する声が多くあがった。

上野氏は最後に、「自分の道を進む

のは、大変そうに見えるけれど、本当は楽しいこと。その道の途中で一緒に走る友達に出会えば、さらに遠くまでいける。そのことを、CMを通じて感じてもらえたらと思っています」と話した。🅾

2020年	
10月	新CM企画スタート
12月下旬	企画決定
2021年	
1月初旬	ヒロインオーディション開始
1月下旬	約400人からヒロインが中島セナさんに決定
2月中旬	店頭ポスター撮影、演出コンテUP
3月上旬	美術プラン検討、テスト撮影
3月下旬	リハーサル・本番合わせて7日間の撮影、実施

広告会社／電通＋なかよしデザイン、スプーン
企画制作／電通＋なかよしデザイン、スプーン
ECD／古川裕也
CD＋C／磯島拓矢
CD＋AD＋企画／正親篤
デジタルCD／眞鍋亮平
企画／保持壮太郎、鈴木健太
C／筒井晴子、藤曲旦子
AD／松永美春
CPr／豊岡将和
Pr／大桑仁、冨田裕和
PM／神谷諒、田村美晴、千々岩秀也、増田幹、岡智也、福井梨加
演出／柳沢翔
助監督／木村昌嗣、新尚樹
撮影／岡村良憲
照明／高倉進
美術／三ツ泉貴幸
操演／村木一州
編集／田中貴士（オフライン）、佐々木賢一（オンライン）
DIT／石井紀章
CGプロデューサー／山藤真士
CGディレクター／山内太
カラリスト／田中基
音楽Pr／戸波和義、小牧秀平、磨田幸樹（アシスタント）
音楽／A_o「BLUE SOULS」
レコーディングエンジニア＋ミックスエンジニア／illicit tsuboi
MIX＋録音／佐藤雅之
ST／酒井タケル、茶畑由紀
HM／古久保英人
アクション・ワイヤーコーディネーター／川澄朋章
演技指導／yurinasia
CAS／増田恵子、海江田順子（サブキャスト）、森川裕介（サブキャスト）
デジタルプランナー／伊藤大悟
AE／福地秀基、千吉良麻梨子、矢沼慶太郎
PR／奥村健太郎、清水裕太郎、桝野綏貴
出演／中島セナ、小高サラ、才勝、学生キャスト

オーディションにより約400名の中から、中島セナさんに出演を依頼。しっかりと芯があり「自分の足で立っている強さ」を感じたことが決め手に。

同CMは、全長85メートルの巨大なセットや、CGを一切使用していないことでも注目を集めている。

Graphic シャッターを切ったのは、布川敏和さん

@tinapouty@fukawatoshikazu@el_arata_nest@royroy_666@licaxxx1
@asagiinyo@anthonymatenroudayo@klara_blanc@tamanegi.qoo.riku
@luluxinggg@morley_robertson@yooshiakiii@mi0306chi@bigmalachi

本田技研工業は2021年5月3日、「All-New VEZEL e:HEV」のブランドムービーを公開した。

PROMOTION

03

「世界に、あたらしい気分を。」
多様性を体現したブランドムービー

■ **CLIENT** 　本田技研工業「All-New VEZEL e:HEV」ブランドムービー

※本記事は月刊『宣伝会議』2021年8月号の再掲載

今までにない"クルマ表現"で
商品の魅力を訴求

本田技研工業は、「All-New VEZEL e:HEV」（以下、新型VEZEL）の発売に伴い、新テレビCM「e:HEV」篇、「AMP UP」篇を全国で放映開始した。

さらに、今注目のアーティスト、藤井風さん初のCM書き下ろし新曲「きらり」をフルコーラスで使用したブランドムービーを楽曲リリースに先駆け、2021年5月3日にキャンペーンサイトにて一部公開した。

VEZEL e:HEVのコアメッセージは、「世界に、あたらしい気分を。」。4月からオンエアされている同ブランドの2本のテレビCM、WebCM、そして新たに公開されたブランドムービーに登場しているのが、13人と2匹のアンバサダー、通称"GOOD GROOVER"だ。

俳優の井浦新さんや玉城ティナさん、コメンテーターのモーリー・ロバートソンさんら、各界の第一線で活躍する、さまざまな国籍や年齢、バックボーンを持つメンバーで結成されている。同クリエイティブはこの"GOOD GROOVER"が、スマートフォンや多種多様なカメラで思うままに撮影したムービーで、構成されたものだ。

本田技研工業 商品ブランド部 宣伝企画課の野口拓真氏によると、新型VEZELのターゲットは、「何かを創ったり発信したり、クリエイティブなことに興味がある人」「さまざまなコミュニティに属し、年代や性別に捉われず、オープンでフラットなつながりを大切にしている人」。ターゲットの価値観に響くよう、キャンペーンのコンセプトを「Co-Creation」に設定した。「自動車は『思い立ったら即購入』という商材ではないため、企業からの一方的な発信だけでない、長く続くコミュニケーションを目指しています」（野口氏）。

ムービーの最後に登場する「GOOD GROOVE」はCMの楽曲「きらり」を歌う藤井風さんの直筆。

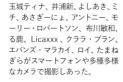

Web Site_GOOD GROOVER

玉城ティナ、井浦新、よしあき、ミチ、あさぎーにょ、アントニー、モーリー・ロバートソン、布川敏和、る鹿、Licaxxx、クララ・ブラン、エバンズ・マラカイ、ロイ、たまねぎらがスマートフォンや各種多様なカメラで撮影しあった。

キャンペーン期間：
2021年1月18日～2022年1月17日

1月18日　ティザーサイト・ティザームービーvol.1公開、アンバサダー（GOOD GROOVER）発表、VEZEL専用インスタグラムアカウント開設

2月18日　ワールドプレミア。ティザームービーvol.2公開

4月22日　新型VEZEL発表、テレビC（e:HEV篇・AMP UP篇）、Web限定CM（GOOD GROOVE篇）、VEZEL e:HEVブランドムービー先行公開verを公開

5月3日　VEZEL e:HEVブランドムービー公開

広告会社／電通
企画製作／電通、電通クリエーティブX、Dentsu Craft Tokyo
ECD／佐藤義浩（電通）
GCD／杉谷有二（電通）
CD／秋永寛（電通）
CMプランナー・コミュニケーションプランナー／礒部建多（PARTY）
C／大貫冬樹（電通）
AD／玉置太一（電通）
CP／柿沼秀宣（電通クリエーティブフォース）
AE／松重広太、田中義裕、荒井麻記子、歌川由里絵（電通）
ストラテジック・プランナー／武藤隆史、筬田祥己、細田優介（電通）
PRプランナー／草野健一、菊地立（電通パブリックリレーションズ）
PR／藤岡将史、加藤純、市来優太、峯尾心（Dentsu Craft Tokyo）
PM／北本航、大本遼平、鈴木優哉（Dentsu Craft Tokyo）、横岡武志
演出／林響太朗（DRAWING AND MANUAL）
アシスタントディレクター／山口祐果（DRAWING AND MANUAL）
カメラマン・フォトグラファー／玉城ティナ、井浦新、よしあき、ミチ、あさぎーにょ、アントニー、モーリー・ロバートソン、布川敏和、る鹿、Licaxxx、クララ・ブラン、エバンズ・マラカイ、ロイ、たまねぎ、林響太朗、阪野貴也
照明／田上直人
ST／山本マナ（snow）
HM／古久保英人（Otie）、坂本怜加（アルール）
D／菅原良太（sora.inc）
エディター／柿原未奈（OfflineEditor）、緒方佐覇良（OnlineEditor デジタル・ガーデン）、林響太朗（DRAWING AND MANUAL）
ミキサー／浅田将助（1991）
CAS／北川伸吾、大杉陽太、池澤響（HandY）、草野健一（電通パブリックリレーションズ）
NA／玉城ティナ、井浦新
タレント／玉城ティナ、井浦新、よしあき、ミチ、あさぎーにょ、アントニー、モーリー・ロバートソン、布川敏和、る鹿、Licaxxx、クララ・ブラン、エバンズ・マラカイ、ロイ、たまねぎ、Jua、フェルナンデス直行、KAI MIWA、れーなき
音楽／藤井風「きらり」（HEHN RECORDS ／ UNIVERSAL SIGMA）
ドローン／横山一隆（トーフナ映像）

目指したのは一方的な発信でない長く続くコミュニケーション

今回の映像の肝は、出演しているアンバサダーたちもカメラを持ち、スマートフォンやフィルムカメラ、8mmを持って、互いに撮影しあっている点だ。「アンバサダーは、SNS時代のカメラ作法に精通している方ばかりです。それぞれの視点で新型VEZELと楽しむ様子が記録されています」（野口氏）。

撮影時の写真や映像は全部で数万ファイルにものぼったと野口氏。車内で「きらり」を歌ったり、並走する車にカメラを向けたり、窓の外の景色を撮ったり。どれもドライブの何気ない瞬間を切り取った1コマだが、そこにある空気感や一体感をそのまま伝えることが、クルマのコミュニケーションとしては新鮮だと感じた、という。「見せたいクルマのアングルなどももちろん大事ですが、それよりも各々の視点や小さな気づきを大切にすることで、今までにないクルマ表現で、新型VEZELの魅力を訴求できると考えました」（野口氏）。

完成したCMは、公開後にも多くの反響があった。Web限定CMは公開から約1カ月で1300万回再生され、高評価率は98％にまでのぼった。ブランドムービーもオーガニックで約150万回再生、99％の高評価率でYouTubeの急上昇ランキングでは1位を獲得した。結果、発表後4日間のTwitter上のユニークユーザーリーチ数では、VEZEL史上最高を記録。SNSには「楽曲と映像がマッチしている」「VEZELでドライブしたいな」というポジティブなコメントが多数寄せられた。

反響があったのは動画だけではない。Webサイトのアクセス数は目標の200％超えで推移し、売上にも直結。発売から約1カ月後の2021年5月24日時点で3万2000台を超える受注があり、月間販売計画600％以上という好調な立ち上がりになったという。

野口氏は「年齢も、性別も、国籍も、好みも、生き方も異なる人たちが、互いを尊重し、さまざまな視点でひとつのことを楽しむ。そこに生まれる新しい一体感、それが"GOOD GROOVE"です。クルマ離れが叫ばれる昨今ですが、映像を通して、まるで一緒にドライブをしたような気分になり、VEZELっていいな、ドライブっていいな、と感じていただけたら嬉しい」と話した。🇿

1

ブランドらしさを体現した
Z世代に届けるための刺激的なメッセージ

CLIENT ▶ Tinder 「渋谷OOHキャンペーン」

※本記事は月刊『ブレーン』2021年12月号の再掲載

米国発のマッチングアプリ「Tinder（ティンダー）」が2021年9月から10月にかけて、複数のコピーを主軸とした大型OOHキャンペーンを渋谷周辺エリアで実施した。表現に一定の制約があるジャンルでもあるだけに、利用者の約半数を占めるZ世代（18〜25歳）に向け、どのようにメッセージを開発していったのか。

「沁みた。」とTikTokerも反応

2012年に米カリフォルニアで生まれ、日本では2015年ごろから普及し始めたマッチングアプリ「Tinder」。2019年から国内で広告展開を始め、3年目となる2021年は9月から10月にかけて渋谷・原宿エリアで初となる大々的なOOHを実施した。スクランブル交差点を臨む渋谷駅前の屋外ボー

ドには3面のグラフィック、渋谷駅地下では8本のコピーが主体の「効き目いろいろ」シリーズ、渋谷・原宿の街中メディアにも水原希子を起用した「すべての出会いが、私をつくる。」がお目見えした。

担当したのはクリエイティブディレクターの石山寛樹さん、コピーライターの片岡良子さんを中心とするチーム。片岡さんは2020年から水原さんを起用した広告を手がけ、今回から石山さんが加わった。

渋谷周辺に集中出稿したのは、このエリアにTinderのアクティブユーザーが多くいるため。一方で媒体側の考査を踏まえると、広く出会いを求めるユーザー向けのサービスでありながら「結婚」「婚活」を意識させる表現を用いる必要があった。このように一定の

制約のもと、ターゲットであるZ世代の心をつかむ表現を探っていった。

片岡さんによるとTinderは刺激的で尖ったメッセージを好むブランドでもある。「『どこかにいい人いないかなーって、一生言ってな。』『自然な出会いって、今ムリじゃない？』といった渋谷駅前のコピーは、まさにその王道をいくもの。イメージした人格としては"クラスに1人はいそうな、自分を持っていて全体を斜めから見ている女子"が言いそうなことをコピーにしています」。

中でも「どこかにいい人〜」の屋外ボードは、TikTokerの「銀どんぐり」さんが「沁みた。」という一言を添えて投稿し、8万超の「いいね（ハート）」が付くなど話題に。Twitterでも拡散され共感の声などが多数寄せられた。

1.渋谷駅前では3面で展開（2021年9月16日〜10月10日）。2.渋谷駅地下のOOH「効き目いろいろ」のコピーは8種（2021年9月13日〜20日）。
3.渋谷・原宿の街中メディア、約80カ所に掲出したグラフィック5種「すべての出会いが、私をつくる。」（2021年9月14日〜10月11日）。

"Tinder婚"のユーザーの投稿も

渋谷駅地下で展開した広告「効き目いろいろ」シリーズでは、マッチングアプリがもたらす価値を薬の効能になぞらえて表現した。薬のパッケージを思わせるモチーフで、コピーは8種類ある。「既読スルーされた後に。」「推しが結婚！の衝撃に。」「友人の【ご報告】が気になるお年頃に。」「自然とできるものだという勘違いに。」など、さまざまなタイプの若者が出会いを求めるシチュエーションを想起させる。

下部のボディコピーも市販薬の説明書のように仕立てている。「用法・用途を守って正しくお使いください。」「プロフィール写真の加工は適量を心がけてください。」「既婚者の手の届かないところに置いてください。」など、

適切な使い方や18歳未満は使用できない旨も含め、注意点をやんわりと伝えている。いずれも石山さんと片岡さんが実際にTinderを利用しユーザーとのやりとりを通じて得た実感を反映したものだ。

「メインのコピーは100本以上は書いたと思います。石山さんと壁に全て貼り出して絞り込んでいきました。アートディレクターやCMプランナーにも見せてみて、自然と会話やストーリーが広がるような切り口を選ぶようにしています」（片岡さん）。掲出後は思わぬ反響もあり、"Tinder婚"（Tinderで出会って実際に結婚）の夫婦が広告の前で撮影した写真をTwitterに投稿するなど話題に。想定以上にポジティブな反応が見られた。

「今後はTinderとは何なのか？とい

う認知獲得のフェーズの一歩先、従来のマッチングアプリとは異なる新たな価値を提示していけたら。シーズナルな話題も交えて展開できたらいいですね」と石山さん。一連の取り組みにより、広告展開後の会員登録数は順調に伸びている。Z

共通
企画制作／CAMOUFLAGE+navy+
GOOD PLAN+ADKマーケティング・ソリューションズ
CD+C／石山寛樹
C／片岡良子
AD／真木大輔
企画／三田杏奈
EPr／山科考穂
AE／齊藤浩明、守屋裕明、山口統吾
GR（すべての出会いが、私をつくる。）
Pr／稲留福太郎
PM／佐藤憲将
撮影／茂木モニカ
レタッチ／大井一葉
出演／水原希子

日本ハムが展開するウインナーブランド「シャウエッセン」のフルアニメーションCM『シャウリータイム』。画像内のパッケージは動画公開当時のもの。

PROMOTION

05

おしゃれすぎてビビる…
完全にMVに寄せたアニメCM

CLIENT ▶ 日本ハム　シャウエッセン『シャウリータイム』

※本記事は月刊『宣伝会議』2022年1月号の再掲載

耳に残って、ついつい見たくなる最適な手段がMVだった

　日本ハムが展開するウインナーブランド「シャウエッセン」は2021年10月15日、フルアニメーションCM『シャウリータイム』をニッポンハムグループ公式YouTubeチャンネルにて公開した。また、同日に放送されたテレビ朝日系列の音楽番組『ミュージックステーション35周年記念4時間スペシャル』にて、一度だけテレビCMを放映した。

　シャウエッセンの発売は1985年。ウインナーカテゴリーで長年ナンバー1※に輝いているロングセラーブランドだ。

　そんなシャウエッセンがフルアニメーションでCMを制作するのは初の試み。若年層を中心にさらなる市場拡大を図るため、話題化やメディアでの露出増加を狙い、ウインナーの喫食機会をつくることを目的としている。ターゲットは10〜30代の若年層だ。

　企画・立案を担当した同社の加工事業本部　マーケティング推進部の比恵島裕美氏と電通のコピーライター、早坂尚樹氏は、普段のテレビCMとは少し違った形でアプローチできないかと考えていたと話す。

　「若者世代にも、もっとシャウエッセンを日頃から食べてもらいたい。そこで思いついたのがミュージックビデオ（以下、MV）という形式でした。同じ映像でも、テレビCMとして広くお

いしさを訴求するのではなく、自然と耳に残ってついつい見たくなってしまう。そんな手段として、MVが最適なのではないかと考えました」（比恵島氏）。

　シャウエッセンは、長年愛されているウインナーの定番ブランド。しかし、世の中の若者から共感されるためには、そこに甘んじることなく、様々な挑戦を続けるシャウエッセンの姿勢を見せる必要があると考えたのだという。

　「一見、無関係に見えるMVとシャウエッセンが掛け算されることで、単に若者のカルチャーを採り入れるだけではなく、今まで見たことのない新しいシャウエッセンの世界を驚きと楽しさをもって表現していこうと思いました」（早坂氏）。

CMの前半にはボカロアーティストのMVを意識した描写を採用。"ボカロあるある"が盛り込まれている。

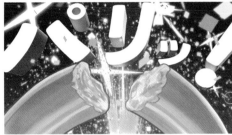

内容の面白さはそのままに、シャウエッセンの「パリッ!!」と弾けるおいしさ、そしてその"音"を新たな形で表現。制作では、ラストの変身シーンと、サビパート、それ以前とで、アニメーションチームを分けるほどのこだわりぶりだった。

主人公の恋する相手は、まさかのシャウエッセン!?

ブランドの世界観が最大限に伝わるようにプランニングしながらも、若者に自分向けのブランドと感じてもらうため、注目したのがボカロ出身アーティストのMVだった。

CMの前半はボカロアーティストMVに多い、男女の青春恋愛アニメの世界観に設定。"ボカロMVあるある"を存分に盛り込んでいる。

しかし、男女の恋愛を歌にするだけでは、話題性を最大限に高められないうえに、商品の魅力を十分に伝えられないのではないか、と考えたという比恵島氏。商品をど真ん中に出しながらも、見た人に面白がってもらうための設定を考えた。

「主人公は恋をしている女の子。でも、その恋する相手はシャウエッセン、という少しファンタジーな設定を歌にしました。おそらく史上初?のウインナーのダンスシーンなど、一度見たら忘れられないような映像になっていると思います」(比恵島氏)。

楽曲にはアーティストの「空白ごっ

こ」さん、イラストレーターの世津田スンさんを起用。内容の面白さはそのままに、シャウエッセンの「パリッ!!」と弾けるおいしさ、そしてその"音"を新たな形で表現した。

1本のMVにかけたこだわり 企業とクリエイターの共創の結果

MV風CM『シャウリータイム』は、2021年11月9日現在で239万回再生を記録。SNSを中心に、「おしゃれすぎてめっちゃビビる」「カッコいい」「痺れる…!」といったポジティブな反響が多数あった。

「本編集当日までクリエイティブチームと密に議論を重ね試行錯誤し今回のMVが完成しました。あえて少し動きの少ない前半にして、後半のサビ以降のダンスシーンとの緩急を意識しています」(比恵島氏)。

そのため、制作過程ではラストの変身シーンと、サビパート、それ以前とで、アニメーションチームを分けたと比恵島氏。若年層へのアプローチのため、企業とクリエイターで強いこだわりを持って進められたCM制作だった。Ｚ

キャンペーン期間:
2021年10月15日〜2022年9月30日

10月13日　ティザー映像でザワつきをつくり、CM公開日を予告

10月15日　リリース告知、CM公開（Mステ35周年SPでの1回きりのCMで山場づくり）

10月15日　デジタル広告配信開始（11月上旬まで）、連動したビジュアルで店頭POP展開

10月22日　フル尺MV公開

10月26日以降　世津田さんイラストでレシピを定期的に紹介（Twitterシャウエッセン公式アカウント）

10月30日以降　TikTokインフルエンサーによる#シャウリータイム　ダンス投稿

企画制作／電通、二番工房
CD ／高柳謙介
PL＋C／早坂尚樹
AD ／上田美緒
PR ／荒木雅
CP ／草苅裕子
AE ／藤原英正、川中増久、田中智之
PR ／久代真司（二番工房）
PM ／森川展暉（二番工房）
演出／高瀬裕介（solo）
Illustration ／世津田スン
Animation ／mimoid.inc
Anime Coordination ／土居伸彰（NEWDEER）
CG Director ／平川侑樹（＋Ring）
Effects Supervisor ／勝村健太（＋Ring）
Effects Artist ／岩城司（＋Ring）
CG Producer ／阪田俊彦（＋Ring）
Text design ／前田定則
Online ／高瀬裕介・久藤拓実・須藤公平
音楽／空白ごっこ

©'21 SANRIO ®
著作 株式会社サンリオ

#世界クロミ化計画

© 2021 SANRIO　著作 (株)サンリオ

サンリオは2021年10月31日、新プロジェクト「#世界クロミ化計画」を開始した。企画開始日はクロミの誕生日。

06

キャラクターの想いに共感してほしい
Z世代に向けた大規模プロジェクト

CLIENT　サンリオ　新プロジェクト「#世界クロミ化計画」

※本記事は月刊『宣伝会議』2022年2月号の再掲載

掲出ポスターは200枚以上
渋谷がクロミ色に

　サンリオは2021年10月31日、コンテンツスタジオ CHOCOLATE Inc. 協力のもと、新プロジェクト「#世界クロミ化計画」を開始した。同プロジェクトは、サンリオが展開したアニメ『おねがいマイメロディ』から登場したキャラクター、「クロミ」のブランディングを目的として実施されているもの。"誰もが自分史上最高の自分を目指せる世界"をつくることをミッションに、クロミがさまざまなことに挑戦するという内容だ。そして、その活動に共感し行動する仲間「KUROMIES」を世界中に増やしながら、クロミ自身のさまざまな魅力を発信していく。

　ターゲットは、主にZ世代を中心とした、クロミのファンである10代〜30代の男女。国内のみならず海外のファンへのアプローチも視野に、クロミをグローバルで活躍できるキャラクターとして成長させ、新規顧客層を広げる狙いだ。

　まずは第1弾として、プロジェクトのステートメントやクロミの想い、日常生活、クロミの性格を発信する単独SNSを開設。その他、クロミ本人が歌唱・出演するミュージックビデオも公開した。

　さらに2021年10〜11月にかけて、情報発信都市である渋谷でクロミによる「#世界クロミ化計画」始動を知らせるポスターを200枚以上掲出。また、SHIBUYA109渋谷店の店頭イベ

ントスペースにはクロミのオブジェを設置、新しい角度でクロミの考えや魅力を発信した。

　同プロジェクトの実施は、ここ数年、流通内などでクロミの人気が上がってきていたことが背景にある、と企画を担当した同社の須佐奈央子氏は話す。

　「幼少期にテレビアニメを視聴していた世代が自由に購買できる年齢になったことや、若年層の間で流行している"地雷系ファッション"のアイコンとしてクロミが挙げられるようになってから、人気が上昇していました。人気が一過性にとどまらないようにキャラクターの個性を浸透させ、より親近感・愛着を醸成したいという課題感のもと、プロジェクトを立ち上げました」（須佐氏）。

クロミが歌唱、出演するミュージックビデオ。

©' 21 SANRIO 著作（株）サンリオ

また、継続して愛着を持ってもらうため、アイコンとしてのクロミを好きになってもらうのではなく、クロミの考え方や活動に共感し、行動してくれる仲間を増やすことも目標に設定。この「共感をもとにしたファン化」を目指すべく、「＃世界クロミ化計画」が生まれている。

「当プロジェクトで訴求したいポイントは、『クロミは、みんなの夢や、なりたい自分を目指すことを肯定する』ということです」（須佐氏）。

ターゲットであるZ世代は、自己表現としてSNSを使う中で、「自分らしさ」や「なりたい自分」についての悩みを持つことも多い。

また、コロナ禍で自粛することも多く、内省の時間が増えた今、改めて自己実現について考える人も増えているようだ。そんなZ世代に向けて、クロミ自身が「憧れの自分になるため努力する姿」を見せることで、誰もがなりたい自分を目指せる世界にしていきたいと考えたという。

**海外を見据えたリブランディング
サンリオでも前例のない取り組み**

クロミは、テレビアニメでの初登場から15年以上が経っているキャラクター。新たな一面を見せることで新規顧客獲得やグローバル展開を狙う単独プロモーションを実施することはサンリオ社内でも例がなく、難しさも感じていたという。

「これまでのクロミのキャラクター像を応援してくれているファンや社内の期待を裏切りたくない一方で、インパクトがありつつお客さまにとって新たな価値を提供することをしたいと考えていました。そこで思い切って『＃世界クロミ化計画』というインパクトのあるワードとイメージを刷新するデザインとコンセプトは、かなりの議論を重ねながら設定していきました」（須佐氏）。

プロジェクトメッセージを伝える方法も悩んだと須佐氏。「＃世界クロミ化計画」を、クロミの露出が増えるだけの計画と思われてはいけない。そこで、クロミを生きているタレントに見せる工夫を施すことで、「計画」をクロミ自身の思いで実行しているように表現した。

「ミュージックビデオではアーティスト顔負けにパフォーマンスをするクロミを演出した一方で、SNSでは生活感のある等身大の女の子のような暮らしぶりを発信しています。クロミの発信するメッセージも、クロミだからこそ響くメッセージを届けたいと考えました」（須佐氏）。

同施策はローンチから2週間で想定していた定量目標は概ねクリアしているという。楽曲動画が合計118万回再生されている他、Instagramフォロワー2万4000人（8割近くが海外フォロワー）、Twitterフォロワー3万4000人。SNSでのオリジナル投稿件数も2000件以上にのぼっている（2021年11月17日時点）。SNSでは、「＃世界クロミ化計画のコンセプトや楽曲の歌詞に共感する」「私もKUROMIESになって最高の自分を目指して頑張ってみる！」という声も多いという。 **Z**

※数字は掲載当時のもの。

2021年
10月26日　ティザーポスター掲出、SNSアカウント・公式サイトティザーオープン→10月31日リリース、ミュージックビデオ公開、SNS（Twitter、Instagram、TikTok）・公式サイト本オープン。
11月3日　SHIBUYA109　PRイベント＋SHIBUYA109タイアップキャンペーン開始、POPUPストアオープン・コラボ商品発売など。

※「＃世界クロミ化計画」は、3カ年プロジェクトとして進行中。以降も多角的な施策を実施予定。

■#世界クロミ化計画
企画／須佐奈央子、松本沙也、松澤綾、田中久美子（サンリオ）
制作／CHOCOLATE Inc.
■全体
CD／富永敬
PL／與座ひかる、井上絢名（CEKAI）
Pr／長沼千春、髙橋莉子
BP／武富陵一郎、上村美紗貴、鶴岡愛弓
PR／大原絵理香、樋口あるの
AD+D／井上絢名（CEKAI）
Assistant Design／Ayaka Matsui
イラスト: ODDJOB Inc.

キャンペーンを知らせるポスター。渋谷の街に200枚以上掲出した。

「イグニス イオ（IGNIS iO）」は、クリエイティブチーム"異次元TOKYO"とのプロモーションムービーのコラボレーションをスタートした。

PROMOTION

07

Z世代が追いかけたくなるストーリー
"広告感のない広告"で商品を訴求

CLIENT イグニス イオ×異次元TOKYO 「ジブンらしく選ぶ イグニス イオ」

※本記事は月刊『宣伝会議』2022年4月号の再掲載

サブカルチャーなどの分野に興味関心を持つ層に向け展開

アルビオンが展開するコスメブランド「イグニス イオ（IGNIS iO）」は2022年1月7日、クリエイティブチーム"異次元TOKYO"とのプロモーションムービーのコラボレーションをスタートした。第一弾として新製品「ミルキィ UV」のアニメーションを制作。SNSを中心に拡散している。

イグニス イオは化粧品専門店へ新しい価値観を提案する専門店流通のブランドとして2020年にデビューした。「#今日はどれでキレイになろう」というメッセージを掲げ、"好きなときに好きなだけその時の肌や気分で選べる"

アラカルトコスメとしてZ世代をコアターゲットに展開している。

アルビオン イグニス イオ プランナーの今林麻由美氏は本ブランドについて、「好きなものを好きなときに、好きなお店で買いたいという価値観や行動傾向を持つZ世代とブランドのコンセプトがマッチしている」と分析する。

そこで、ブランドの認知拡大を目的に、SNS上にいるZ世代を対象にしたキャンペーンを実施した。「美容だけでなく、ファッションや音楽、アニメといったサブカルチャーなどの分野に高い興味関心を持つ層を中心に、ジェンダー問わずアプローチすることに決めました」（今林氏）。

イグニス イオは商品に触れ、感触

や香りの魅力に触れてから購入してほしいという思いのもと、ECによる流通は行っていない。今回SNSでの広告展開を決めた理由について今林氏は、「流通が限られているからこそ、ブランドの認知度を高め、イグニス イオを直接試したいとお店に足を運ぶ動機をもたらすことに重要性を感じた」と話す。

そこで広告ではミルキィ UVの感触などの訴求に加え、ブランドとして表現したい"ジェンダーレスなみんな感"や、リアル店舗では伝えることが難しい"自由さ・フレキシブルさ・楽しさ"といった世界観を発信するため、初めてアニメーションを制作することに決めた。

アニメーション制作を依頼する際に

第一弾はZ世代の個性を「ミルキィUV」がつなぐようなストーリーを描いた。

重きを置いたのは「Z世代に支持を得ている映像制作会社であるか」ということ。同社が目指す方向性と、先方から提案があった企画内容がマッチしたことから、オタクカルチャー・サブカルチャーを軸に広告やイベント、コンテンツづくりを手がけるクリエイティブチーム"異次元TOKYO"とのコラボレーションがスタートした。

全作の監督には、YOASOBI「ハルジオン」やTAMAHOME×Ado、日清「カレーメシ」などの映像制作を行う篠田利隆氏が就任。第一弾は、YOASOBI「ハルジオン」を手掛けたチームとアーティストSerphのW起用で新製品「ミルキィUV」のアニメーションを制作した。

"異次元TOKYO"にとっても、今回が初めての化粧品ブランドとのコラボレーション。今林氏は、「企画内容に合わせた音楽の提案もいただきました。映像と音によるSNSマーケティングの方向性が見えたとき、化粧品会社が当たり前にターゲットとする美容関心層以外の、音楽やアニメなどのサブカルチャーへの関心を持つZ世代へまでイグニス イオの認知が拡げられると確信しました」と振り返る。

映像作品内では、ミルキィUVの魅力でもある感触や香りのよさ、ジェン

ダーレス、シェアできるアイテムという特徴はそのままに、Z世代のライフシーンを大きく3色に分け、それぞれのスタイルに溶け込んだイグニス イオの世界観を描いた。

「Z世代はとにかく自由で個性的。好きなものをそれぞれが選択できる時代であること。パッケージや色、商品特長などコスメを選ぶ理由も自由だというメッセージを伝えたいという篠田監督の思いがつまったアニメーションになりました」(今林氏)。

Z世代に届けるため
Twitterに絞り広告を出稿

「Z世代は自分のペースを乱されることなく、新しいものに触れるほうが、ブランドへの好感も高まるのではないか」という考えのもと、Z世代に届く広告にするため、プラットフォームはTwitterに絞った。とはいえ、「Twitterは音を出しながら見るプラットフォームではない」という懸念もあったと今林氏は話す。

しかし、「広告感を出しすぎず、Z世代が追いかけたくなり、好意的にアニメーションに触れて欲しい、という想いから、広告を見ることも選択でき、また自分が関心を持ったものや広めたいと感じたものを手軽に拡散できるの

ではないか」との考えから広告出稿のプラットフォームをTwitterに決めた。

第一弾のミルキィ UVのアニメーションは音楽関心層からの反応が高く、接点の拡がりと手ごたえを感じている。「30秒きっちり動画を視聴していただくと、ブランドやミルキィ UVのメッセージが伝わるので、ぜひ音を出して完全視聴していただきたいです」(今林氏)。

新製品に合わせたプロモーションムービーは本施策を皮切りに2022年度で4本公開。多くの話題を集めている。 **Z**

キャンペーン期間：2022年1月17日～3月31日
1月13日　10時情報解禁、ホームページ更新、リリース一斉配信、Twitter広告配信スタート

D／篠田利隆（異次元 TOKYO）
P／大久保 "youkiss" 優樹（異次元 TOKYO）
AP／胡桃沢まひる（異次元 TOKYO）
キャラクターデザイン・アニメーション／Rabbit MACHINE
クリンナップ／No.1O・粉鶴亀・山羊印文庫
コンポジットエディター／尾熊貴之（DTJ）
アシスタントエディター／野崎耕生（DTJ）
D／雷電公社
音楽／Serph

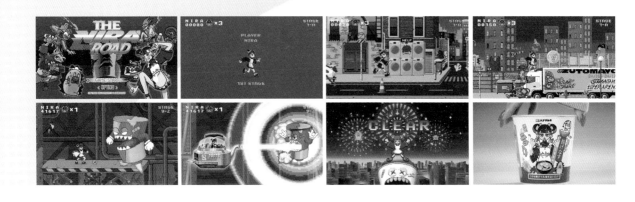

「ずとまよ」と味噌汁を開発
8ビットのMVで味覚を視覚化

■ **CLIENT** 　ハナマルキ　「ずっと真夜中でいいのに。」コラボレーション

※本記事は月刊『ブレーン』2022年5月号の再掲載

ハナマルキは2022年3月1日、音楽バンド「ずっと真夜中でいいのに。」（ずとまよ）と開発したカップ味噌汁と特別映像、サイトを発表。4月に実施するライブで約3万5000人に配布する。「ずとまよ」のジャケット、グッズなどアートワーク全般を手がけてきた塩内浩二さんは、ファンとブランドの接点をいかに設計したのか。

ガラパゴス文化が
詰まった音楽と味噌

「ずっと真夜中でいいのに。」は、作詞・作曲・ボーカルのACAね（あかね）による、特定の形を持たない音楽バンドだ。『秒針を噛む』『勘冴えて悔しいわ』など不思議な歌詞やタイトルの楽曲で知られ、通称は「ずとまよ」。メンバーの顔を出さないスタイルで2018年から活動しており、ライブなどでもメンバーの顔は映していない。

そのパフォーマンスやファンの楽しみ方も独特だ。テレビや電子レンジといった日用品を楽器として使用するこ

ともあり、ファンはライブでしゃもじを振ったり叩いたりする。さらに「ずとまよ」のサイトにあるGIF画像をダウンロードしてファイル名から背景を読み解いてみたり、コラージュアートやMAD動画を発表したりして楽しむファンもいる。

「『ずとまよ』のパフォーマンスやデザインは観念的な美しさを追求し、わかりやすい答えを提示しないところが好きで、ファンには伏線を読み解いたり考察したりする行為を楽しんでもらう。見る人たちの思考を動かすようなモチーフを大事にしています」と説明するのは、2019年から「ずとまよ」のアートワーク全般を手がけるCATTLEYA TOKYO クリエイティブディレクターの塩内浩二さん。「音楽における視覚表現の新しい文化システムをつくる」という目標を掲げている。

そんな「ずとまよ」が、100年以上の歴史を持つハナマルキと新しい味噌汁を共同で開発した。完成したのは、同社のカップ味噌汁シリーズ「すぐ旨

カップみそ汁」の「揚げなす生姜風味限定ニラ入り」。「ずとまよ」のMVに登場するキャラクターが「にらちゃん」、ACAねさんが飼っている猫の名前が「しょうがストリングス」であることから決定した。

ハナマルキ 取締役 マーケティング部長兼広報宣伝室長の平田伸行さんによると、「ずとまよ」はZ世代のファンが多く、ブランドとして訴求していきたい層と重なることから今回の企画に至った。「独創的なプロモーションを展開するブランド」といった立ち位置を明確にしていきたいといった狙いもある。

塩内さんはハナマルキと「ずとまよ」の共通項として、「日本人に最適化されたガラパゴス文化が詰まっている」という点を挙げる。

「日本のアニメをはじめ、最近ではシティポップが注目されているように、素顔を隠して活動する『ずとまよ』は欧米や中国のファンも多い。伝統的な食品の味噌も同様で、お湯を注いですぐに食べられる即席味噌汁こそ日本の

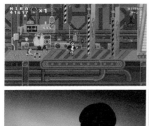

1.特別映像「すぐ旨カップみそ汁〜THE NIRA ROAD〜」。MVだがミュージックビデオではなく「Misosoup Video」とのこと。 2.両者のコラボレーションを表す「ズトマルキ」のロゴ。 3.4月16日・17日にさいたまスーパーアリーナで開催されるライブ「Z FACTORY『鷹は飢えても踊り忘れず』」のキービジュアル。

技術の賜物。ACAねさんがレコーディング中によくカップ味噌汁を飲んでいることや、ACAねさんも僕らもごはんが大好きだからという単純な理由もあります（笑）」（塩内さん）。

今回のコラボレーションは2022年3月1日にカップ味噌汁のパッケージや中身と、特別映像を公開した。「ずとまよ」は2022年2月16日に新しいアルバムを発売したばかりで、同22日には4月に開催されるライブのグッズを発表するなど、ファンが最高に盛り上がっているタイミングでの全貌解禁も話題化を後押しした。

ゲームの世界観で
味噌汁をつくってみた

今回発表した、8ビットゲーム風のアニメーションと実写を交えた約1分半の特別映像の監督・編集はZUMIさんが手がけている。「横スクロールのゲームの世界で主人公の『にらちゃん』が冒険を繰り広げます。障害を乗り越えながらナス・ニラ・ショウガを集めて、カップ型のモンスター『メカマルキ1号』に具を投げ込みお腹いっぱいにさせて熱湯を注ぐという展開は、ただ味噌汁をつくっているだけ（笑）。勧善懲悪のゲームフォーマットを踏襲しながら、実はほのぼのとしたストーリーなんです」（ZUMIさん）。

特別映像には過去の「ずとまよ」の楽曲のMVに出てきたキャラクターを盛り込むなど、ファンが何度も見返したくなるようなギミックも施している。冒頭には「ハナマルキ」と「ずとまよ」のコラボを表す「ズトマルキ」のロゴが登場し、さらに終盤には顔の見えない状態でACAねさんが味噌汁を食べるシルエットが映し出される。映像を締めくくる「♪おみそな〜らハナマルキ」というおなじみのサウンドロゴも、ACAねさんの声で新たに収録した。

日本独自のカルチャーでもある8ビットゲーム風の表現は、これまでも「ずとまよ」のMVで用いられてきた。ドット絵を得意とする「Dotter」を名乗る、CATTLEYA TOKYOのデザイナー 志賀祐香さんを中心に6人がかりで描いたものだ。「ドット絵ではファンが持っている印象を再現することを大事にしています。たとえば主人公の『にらちゃん』は口数の少ないクールな女の子というイメージなので口を描かないようにしました」（志賀さん）。

公開後、YouTubeのコメント欄には国内外から多数のコメントが寄せられ、再生回数は公開から10日間で23万回を超えた。カップ味噌汁は店頭での販売は行わない予定で、4月16日・17日にさいたまスーパーアリーナで開催されるライブでの配布を待つばかりだ。

「『ずとまよ』は音楽を視覚化する翻訳行為も大事にしていると思うのですが、今回は表現に一貫性を持たせつつ味覚を視覚化するというチャレンジでした。食べ物をそのまま美味しそうに見せるシズル感の表現とは違い、大事にしたのはファンの皆さんの感情の起伏。4月のライブの後に食べてもらうまでがゴールなので、その瞬間を投稿したり共有したりと楽しんでもらえたら」（塩内さん）。 **Z**

（左上から）ハナマルキ 取締役マーケティング部長兼広報宣伝室長 平田伸行さん、CATTLEYA TOKYO 塩内浩二さん、同 志賀祐香さん、映像ディレクター ZUMIさん。

企画制作／CATTLEYA TOKYO
CD+AD／塩内浩二
演出+編集／ZUMI
I（パッケージ）／はなぶし
モーションエディター／notai
D+Dotter／志賀祐香
D（アシスタント）／加崎拓海、宮崎聖也
撮影+照明／北下弘市郎
ST（フード+プロップ）／宮田桃子
音楽／ずっと真夜中でいいのに。
出演／ACAね（ずっと真夜中でいいのに。）

1

PROMOTION

09

腕時計いる？ いらない？
議論を巻き起こす強気のコピー

■ **CLIENT** カシオ計算機／G-SHOCK「#腕時計なんていらない」

※本記事は月刊『ブレーン』2022年9月号の再掲載

　カシオ計算機は2022年6月27日から、JR渋谷駅周辺のOOHを主軸とした「G-SHOCK」のブランド広告を展開した。メーカー自ら「#腕時計なんていらない」「なんて言わせねえ」と畳みかけるなど、議論を巻き起こすようなコピーでZ世代のリアリティに迫る取り組みだ。

真意を伝えるステートメント

　スマートフォンなどが普及し"腕時計離れ"が進む中、カシオ計算機の「G-SHOCK」がZ世代との接点を生み出すために仕掛けたのが今回のブランドキャンペーンだ。「#腕時計なんていらない」と自社製品の存在意義を否定するフレーズを打ち出した上で、「なんて言わせねえ」と自ら反論するメッセージを重ねている。OOHのグラフィックでは、日常のシーンの中で腕時計が提供できる価値をコピーに落とし込みビジュアル化。2022年6月27日か

ら7月3日にかけてJR渋谷駅周辺に掲出した。

　実はこの施策では、Twitterや特設サイトでステートメントを公開している。「腕時計なんていらない。みんながそう思っている時代だけど、それでも腕時計にしかできないことはきっとある。」「立ち上がれ、腕時計。負けるな、腕時計。腕時計なんていらない、と思い込んでる世の中に、俺たちの実力を見せてやろうじゃないか。」と力強く宣言。今回打ち出したいメッセージの真意を明かす内容だ。

　本施策の目的について「肯定も否定も含め議論を起こし、まずは多くの人に腕時計について考えてもらうこと」と説明するのは、クリエイティブディレクター／コピーライターの松元篤史さん。1983年に発売された「G-SHOCK」の歴史は長い。この約40年の間に腕時計を取り巻く環境は大きく変化したが、不変の価値がある

と考えたという。

　「G-SHOCKとしてもかなり思い切った発信ですが、クライアントからは"ここまでやろう"と背中を押してもらいました。腕時計の機能は誰もが知っているため、そこをストレートに伝えても、関心がない層の心を動かすことはなかなかできない。一方で現在も愛用者がいるのは、機能面だけでなく情緒的な価値も含めさまざまな魅力があるから。そこで否定派の意見を受け入れた上で、"それでも腕時計にしかできないことはある"と呼びかけ、見た人が腕時計の存在意義を考えるきっかけづくりを狙いました」（松元さん）。

　ともにコピーを手がけたコピーライター石山寛樹さんによると、「受け手に媚びずに攻め切る」ことを大事にした。「Z世代に限らず、媚びた姿勢の広告は見透かされてしまう時代になってきました。だからこそ嘘ではない本当のところを伝えつつ、ネタとして面

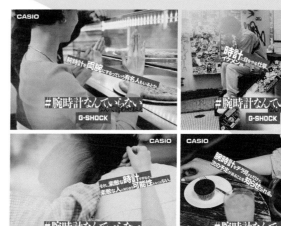

2

3

4

1.3.「腕時計が日常で提供できる価値」を表現したグラフィック。思わず突っ込みたくなるユニークなコピーも。2.ブランド公式Twitterに投稿されたステートメント。「腕時計なんていらない、と思い込んでる世の中に、俺たちの実力を見せてやろうじゃないか。」と宣言した。4.JR渋谷駅構内の掲出風景。

白がってもらうことを重視しました」（石山さん）。公開後、Twitterでは狙い通りの突っ込みやポジティブなコメントが見られ、想定よりもネガティブな反応は少なかったそうだ。

**「商品広告」という
印象をあえて排除**

　腕時計の広告にもかかわらず、プロダクトそのものには一切触れていないという点もポイントだ。OOHのグラフィックでは、恋人と寄り添ったり、街を自転車で走ったり、道路わきにしゃがんでドリンクを飲んだりと、Z世代の日常にありそうな光景を切り取っている。

　全ての原稿で共通するのは、腕時計を装着するはずの手首の部分に赤い帯を入れてコピーを重ねていること。コピーはそれぞれ「腕につけておけば、筋トレにならなくもない。」「それ、素敵な時計ですねと、素敵な人と知り合う可能性もなくはない。」「部分的ではあるけど、日焼け止めにもなる。」など、思わず突っ込みたくなる要素もありつつ議論の余地を残す内容とした。

　「Z世代に親しみがある世界観の上に強いインパクトでコピーを乗せ、商品広告であるという印象を極力なくしました。リアリティを大事にしながら、腕時計について考えてもらう糸口になればと思っています」（アートディレクター 山本拓生さん）。**Z**

企画制作／MATSUMOTO&ATSUSHI＋CAMOUFLAGE＋takuo.tokyo＋ファクト＋ギークピクチュアズ＋ARTS-WAGON
CD＋C／松元篤史
C／石山寛樹
AD／山本拓生
D／沓澤さゆり
Pr／稲留福太郎
PM／宮嶋奈々海
撮影／青山たかかず
レタッチ／大井一葉
ST／杉浦加那子
HM／江指明美
AE／三浦毅生
掲出／JR渋谷駅集中貼り・ハチコーボード3（6/27〜7/3）

明治は「明治 エッセル スーパーカップ」シリーズにおいて、新世代クリエイター、Mega Shinnosuke氏とコラボレーションをしたプロモーションを2022年7月1日に開始した。

ふつうの日、スーパー最高では？
5都市の中高生を描くWebCM

CLIENT 明治「『スーパーカップ"メガ"バージョン』が当たるキャンペーン」

※本記事は月刊『宣伝会議』2022年10月号の再掲載

新世代クリエイターが楽曲に込めた「日常の尊さ」

明治は「明治 エッセル スーパーカップ」（以下、「スーパーカップ」）シリーズにおいて、2022年7月1日より新たなWebCMを公開するとともに、Twitterにて「『スーパーカップ"メガ"バージョン』が当たるキャンペーン」を開始した。

1994年の発売から28年、いつも変わらない美味しさを提供してきた「スーパーカップ」。食べたいと思った時に、スーパーマーケットやコンビニエンスストアで手頃な価格で手に入り、なめらかな舌触りと濃厚な風味を、気取らずに日常的に味わえる。

「スーパーカップ」が提供する、そんな"トクベツではない日々"こそが、かけがえのない日々なのではないか。このような考えから同社は、本プロモーションのコンセプトを「ふつうの日、スーパー最高では？」と設定。ターゲットである中高生の、トクベツでないリアルな日常にフォーカスをあてたWebCMの制作をスタートした。

WebCMでは、作詞、作曲、編曲からアートワーク、映像制作をすべてセルフプロデュースで行う、2000年生まれの新世代クリエイター、Mega Shinnosuke氏とのコラボレーションが実現。Mega Shinnosuke氏はフットワークの軽さと、時勢をキャッチするポップへの嗅覚を武器とするクリエイターであり、自らの楽曲のリリースだけでなく、菅田将暉さんや私立恵比寿中学、クボタカイさん、入野自由さんなどへの楽曲提供や、数々のアーティストの客演にも参加している。

今回、「スーパーカップ」のために新たに書き下ろした楽曲「愛しい日々。」は、飾ることのない自然体な歌詞が、本プロモーションのコンセプトである「ふつうの日、スーパー最高では？」に合致している。

この楽曲に込めた思いについてMega Shinnosuke氏は、「現代社会は遠くの誰かを液晶越しに眺めて一喜一憂する、そんなカオスな環境に多くの人が身を置いているので、日常の中に溢れている何気ない幸せを見落とし

がちになってきている気がします。そんな思いがWebCMのオファーをいただく前から僕の中にあり、今回の楽曲は"変わらない日常に幸福を得ることの大切さ"をテーマに制作しました。自分の大切にしているものを考え直すキッカケになるような楽曲になったかなと思います」とコメントを寄せた。

全5話を展開するWebCMは、東京、大阪、愛知、福岡、宮城の5都市の中高生をモデルに撮影した。その地域ならではの「中高生あるある」の徹底的なリサーチをもとに、リアルな日常を自然に描いている。

中高生の共感を集めた動画は200万再生回数超え

WebCMは全5話を展開。全国各地域出身のキャストが出演し、各地の方言を使いつつ、さまざまな中高生あるあるを詰め込んだ映像となっている。

「5篇はそれぞれモデルにしている地域が異なります。その地域に応じた中高生たちの日常をリアルに描けるように、方言や制服の着こなしを取材・研究し、より納得感のある『中高生あるある』を表現できるよう工夫しました」と、本プロモーションでクリエイティブディレクター兼コピーライターを担ったCHERRYの片岡良子氏は話す。こうした丁寧なつくり込みにより生まれた動画は、第1話の「語呂」篇が公開から約1カ月で200万再生回数を超えた。

また、Twitterで実施した「『スーパーカップ"メガ"バージョン』が当たるキャンペーン」は、公式Twitterをフォローし、キャンペーン投稿をリツイートした人の中から、抽選で5名に「スーパーカップ」の超バニラが12個入った「スーパーカップ"メガ"バージョン」が当たるという企画。特設サイトで公開されているスペシャルムービー、「『愛しい日々。』明治 エッセル スーパーカップedit.」の中に隠された「スーパー×メガ＝＃○○○○」の空欄に当てはまる答えにハッシュタグをつけて引用リツイートすると、当選確率がアップするという仕掛けを用意することにより、Twitterからサイトへの流入も狙った。Twitter上には、キャンペーンへの応募とともに、WebCMやスペシャルムービーへの感想も多く投稿されている。

今後も「スーパーカップ」は、ごくごくふつうの日に似合うアイスというイメージをより定着させ、日常に寄り添うブランドになることを目指していくという。Ｚ

キャンペーン期間：2022年7月1日～7月14日
7月1日　リリース配信、動画配信開始、Twitterキャンペーン開始

広告会社／明治アドエージェンシー＋ADK＋無形＋CHERRY＋hood
企画制作／明治アドエージェンシー＋ADK＋無形＋CHERRY＋hood＋東北新社＋AZ
CD／才川翔一朗
CD＋C／片岡良子
AD／藏本秀耶
AE／後藤貴朗、川野美里、青木明日香、百田ちひろ、永井里奈
Pr／島瀬悠光加、高丸裕行
PM／小口勝一
美術／河野朋美
【WebCM】
企画／片岡良子、鈴木美生
AD／宮澤武士
PM／小野誠太郎、山﨑里香
演出／岩崎裕介
撮影／大河原真生
照明／小林洸星
編集／高橋直樹、宮下知己
MIX＋MA／浅田将助
ST／石塚愛理
HM／舟崎彩乃
CRD／若狭信雄
CAS／Kosei、アベジュン
出演／高橋伶・土井口涼（「語呂」篇）、坂野渚・浅見和希・内野翔太（「サドル」篇）、緒形りょう・ともくん（「聖戦」篇）、鵜木智子・寺島弘樹・福家悠・南部皆人・東宮綾音（「演劇部」篇）、木下朝実・野咲美優・穂紫朋子・柊有紗（「テス勉」篇）
【GR】
制作／AZ
D／宮澤武士、吉富安那、長滝美姫
撮影／なかむらしんたろう
PM／野沢遼、小松崎夕楠、伊藤愛

Mega Shinnosuke氏が今回のプロモーションのために書き下ろした「愛しい日々。」の歌詞に込められた思いに多くの共感が集まった。

PART ——→ 9

Z世代データブック

GEN
Z

DATA BOOK

ビジネスターゲットとして「Z世代に注目」約3割

Q2 【Z世代】と相性が良いと思うSNSメディアは？（複数回答）

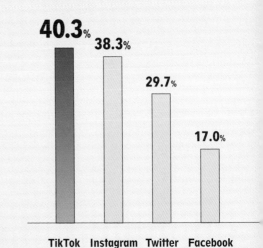

TikTok	Instagram	Twitter	Facebook
40.3%	38.3%	29.7%	17.0%

現在の消費の中心世代を抑え、トップに

　企業向けSNSマーケティング支援を中心としたビジネス展開をする「テテマーチ」は2022年3月4日〜7日、「企業が注目している世代とSNSメディアに関する調査」を実施した。

　調査の結果、企業が最も注目する世代は、現在の消費の中心世代である「ジェネレーションX世代」や「ミレニアル世代」を抑え、「Z世代（26.7%）」がトップに。また、「Z世代と相性が良いと思うSNSメディア」に関する質問では、「TikTok（40.3%）」「Instagram（38.3%）」が上位を占めた。

Q1 ビジネスのターゲットとして最も注目している世代は？（回答は1つ）

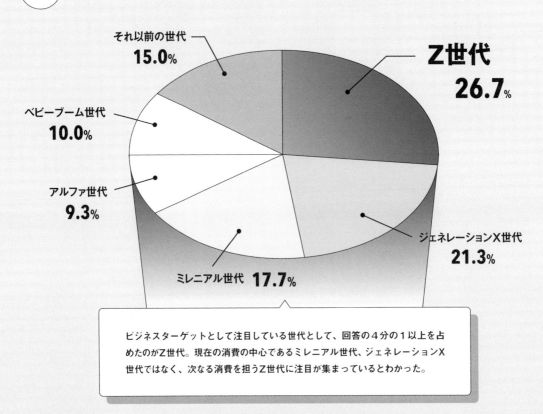

それ以前の世代 **15.0%**

ベビーブーム世代 **10.0%**

アルファ世代 **9.3%**

Z世代 26.7%

ジェネレーションX世代 **21.3%**

ミレニアル世代 **17.7%**

> ビジネスターゲットとして注目している世代として、回答の4分の1以上を占めたのがZ世代。現在の消費の中心であるミレニアル世代、ジェネレーションX世代ではなく、次なる消費を担うZ世代に注目が集まっているとわかった。

現在、企業の経営・経営企画・広告・宣伝・販促・広報・IR・ブランディング・企画・調査・マーケティング職に就く20代〜50代の男女n=300

Q3 【Z世代】のユーザーが多いと思う SNSメディアは？（複数回答）

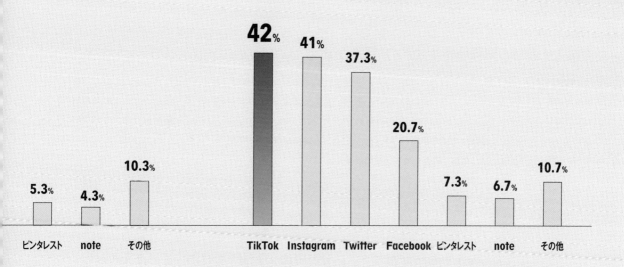

				TikTok	Instagram	Twitter	Facebook	ピンタレスト	note	その他
ピンタレスト 5.3%	note 4.3%	その他 10.3%		42%	41%	37.3%	20.7%	7.3%	6.7%	10.7%

「Z世代と相性が良いと思うSNSメディア」、「Z世代のユーザーが多いと思うSNSメディア」として最も多く回答があったのは、TikTok。Q2、Q3それぞれ40.3%、42%と、「Z世代＝TikTok」という印象が強いことが見て取れそうだ。Instagramはそれぞれ38.3%、41%。次いでTwitterが29.7%、37.3%と続いた。

Q4 【Z世代】をターゲットとした際のビジネス上の悩みは？（複数回答）

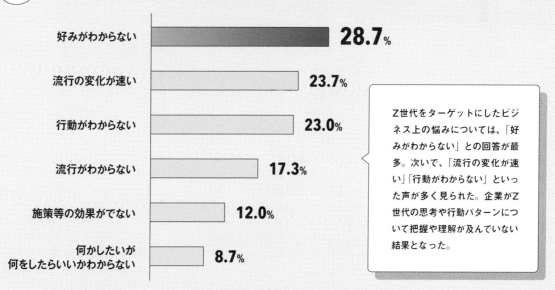

好みがわからない	28.7%
流行の変化が速い	23.7%
行動がわからない	23.0%
流行がわからない	17.3%
施策等の効果がでない	12.0%
何かしたいが何をしたらいいかわからない	8.7%

Z世代をターゲットにしたビジネス上の悩みについては、「好みがわからない」との回答が最多。次いで、「流行の変化が速い」「行動がわからない」といった声が多く見られた。企業がZ世代の思考や行動パターンについて把握や理解が及んでいない結果となった。

引用元:テテマーチ／表題:企業が注目している世代と注目のSNSメディアに関する調査／調査対象:現在、企業の経営・経営企画・広告・宣伝・販促・広報・IR・ブランディング・企画・調査・マーケティング職に就く20代～50代の男女／調査方法:インターネット調査／調査期間:2022年3月4日（金）～2022年3月7日（月）／調査人数:300名／調査エリア:全国／調査にあたり各世代の定義：ベビーブーム世代（1946～1964年生まれ）、ジェネレーションX世代（1965～1979年生まれ）、ミレニアル世代（1980～1994年生まれ）、Z世代（1995～2009年生まれ）、アルファ世代（2010年代生まれ）

SNSがブランド認知、購買に及ぼす影響

認知とその後の情報収集でメディア行動が変化

Z世代向けのマーケティングコミュニケーション手段として不可欠な存在になりつつあるSNS。SHIBUYA109 lab.の調査によると、ブランド認知の場として最多の回答があったのがInstagram。次にTwitterと続いた。そして、認知後の情報収集、深掘りで使われていたのが検索エンジンでの検索であることがわかった。しかし、認知後のメディア接触行動では男女差があることも明らかになっている。企業はこの行動を踏まえ、プランニングをする必要がありそうだ。

 Q1 あなたはSNSや動画配信サービスをどのような目的で利用していますか。

Twitter n=354（男性169/女性185）/Instagram n=316（男性139/女性177）
TikTok n=196（男性83/女性113）/動画配信サービス n=382（男性187/女性195）　（複数回答）　※回答者＝各サービス利用者

各SNS・サービスの利用目的

	Twitter	Instagram	TikTok	動画配信サービス
1位	自分の興味があることを知る 49.2%	友達の近況を知る・DM等でやり取り 66.1%	ネタ・面白系・暇つぶし 52.0%	アーティストや曲などを見る・聴く 67.0%
2位	トレンドを知る 47.7%	自分の興味があることを知る 54.7%	トレンドを知る 42.3%	自分の興味があることを知る 56.3%
3位	自分の興味があることを調べる 45.5%	自分の興味があることを調べる 47.8%	好きなインフルエンサーを見る 39.8%	ネタ・面白系・暇つぶし 54.5%
4位	ネタ・面白系・暇つぶし 43.8%	自分の日常や好きなものを投稿 47.5%	自分の興味があることを知る 33.7%	好きなインフルエンサーを見る 45.5%
5位	好きなインフルエンサーを見る 30.5%	トレンドを知る 44.0%	自分の興味があることを調べる 28.6%	自分の興味があることを調べる 45.0%

各SNS・サービスの利用目的の調査では、各SNSでユーザーの行動の違いが明らかになっている。Z世代が利用するSNSとして象徴的に紹介されることの多いTikTokは「暇つぶし」を目的にしているZ世代が多いことがわかった。Instagramは連絡手段化している傾向もありそうだ。

 Q2 あなたはSNSや動画配信サービスのどの部分を見ますか。

（複数回答）n=389（男性191/女性198）※回答者＝各サービス利用者

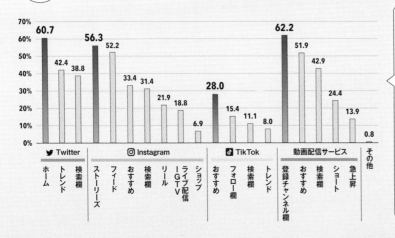

Instagramが「ストーリーズ（56.3%）」、Twitterが「ホーム（60.7%）」、動画配信サービスでは「登録チャンネル欄（62.2%）」とユーザー自らが選んだ情報を閲覧していることがわかる。しかし、TikTokは「おすすめ（28.0%）」が多いことから、TikTokで認知を獲得するにはまず、「おすすめ」に載る必要があると推測できる。

Q3 あなたは新しいブランドや商品をどこで知りますか。
（複数回答）n=400（男性200/女性200）

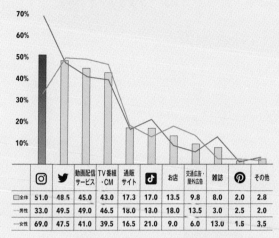

	⚪️	🐦	動画配信サービス	TV番組・CM	通販サイト	♪	お店	交通広告・屋外広告	雑誌	📌	その他
□全体	51.0	48.5	45.0	43.0	17.3	17.0	13.5	9.8	8.0	2.0	2.8
—男性	33.0	49.5	49.0	46.5	18.0	13.0	18.0	13.5	3.0	2.5	2.0
—女性	69.0	47.5	41.0	39.5	16.5	21.0	9.0	6.0	13.0	1.5	3.5

Q4 あなたは新しく知ったブランドや商品をどのように情報収集しますか。
（複数回答）n=400（男性200/女性200）

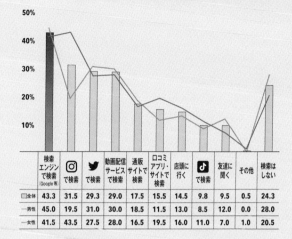

	検索エンジンで検索（Google等）	⚪️で検索	🐦で検索	動画配信サービスで検索	通販サイトで検索	口コミアプリ・サイトで検索	店頭に行く	♪で検索	友達に聞く	その他	検索はしない
□全体	43.3	31.5	29.3	29.0	17.5	15.5	14.5	9.8	9.5	0.5	24.3
—男性	45.0	19.5	31.0	30.0	18.5	11.5	13.0	8.5	12.0	0.0	28.0
—女性	41.5	43.5	27.5	28.0	16.5	19.5	16.0	11.0	7.0	1.0	20.5

商品・サービスの認知経路のトップは「Instagram（51.0%）」。「TV番組・CM（43.0%）」は4位となった。特に女性は約70%が「Instagram」と回答。男性の約2倍という結果となり、男女の違いも生まれている。また、認知後の情報収集で総合的に使われていたのは「検索エンジンでの検索」。しかしここでも男女で違いが見られ、女性はインターネットでの口コミを活用し、多数の"実際の利用者の声"を事前に集めて消費する傾向があるとわかった。

Q5 あなたはSNSや動画配信サービスで情報収集する際、何を参考にしますか。
（複数回答）n=400（男性200/女性200）

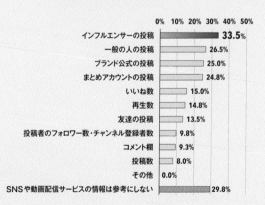

インフルエンサーの投稿	33.5%
一般の人の投稿	26.5%
ブランド公式の投稿	25.0%
まとめアカウントの投稿	24.8%
いいね数	15.0%
再生数	14.8%
友達の投稿	13.5%
投稿者のフォロワー数・チャンネル登録者数	9.8%
コメント欄	9.3%
投稿数	8.0%
その他	0.0%
SNSや動画配信サービスの情報は参考にしない	29.8%

Q6 あなたが、インフルエンサーが紹介している商品を購入する理由を教えてください。
（複数回答）n=400（男性200/女性200）

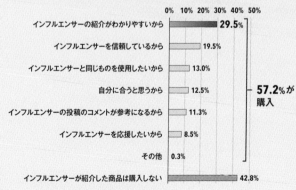

インフルエンサーの紹介がわかりやすいから	29.5%
インフルエンサーを信頼しているから	19.5%
インフルエンサーと同じものを使用したいから	13.0%
自分に合うと思うから	12.5%
インフルエンサーの投稿のコメントが参考になるから	11.3%
インフルエンサーを応援したいから	8.5%
その他	0.3%
インフルエンサーが紹介した商品は購入しない	42.8%

57.2%が購入

SNSや動画配信サービスで参考にする情報は「インフルエンサーの投稿」が33.5%と最多。また、インフルエンサーが紹介している商品を購入したことがあるZ世代は約6割にのぼった。理由は「インフルエンサーの紹介がわかりやすいから」が約3割の回答を得てトップになっている。しかし一方で、42.8%が「インフルエンサーが紹介した商品は購入しない」こともわかっており、企業がインフルエンサーマーケティングを実施する際は緻密な戦略立案が必要になりそうだ。

引用元：SHIBUYA109 lab.「Z世代のSNSによる消費行動に関する意識調査」／アンケート調査概要
①WEB調査　調査期間：2021年12月／調査パネル：外部調査会社のアンケートパネルを使用／居住地：1都3県／性別：男女／年齢：15〜24歳／対象：高校生・大学生・短大・専門学校生／回答者数：400名（男性200名／女性200名）※回答率（%）は小数点第2位を四捨五入し、小数点第1位までを表示しているため、合計数値は必ずしも100%とはならない場合があります。②SHIBUYA109 lab.による定性調査／グループインタビュー　対象者条件：大学生　男子3名、女子4名　2G　合計7名　※その他過去定性調査をもとに考察

消費行動ジャーニー、男女で違いが明らかに

 Z世代男性の消費行動ジャーニーマップ

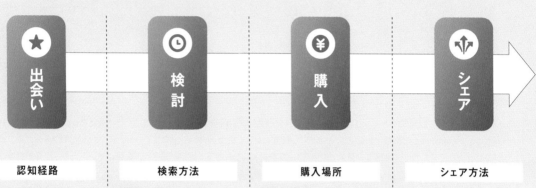

| 出会い | 検討 | 購入 | シェア |

認知経路
- **1位** Twitter (49.5%)
- **2位** 動画配信サービス (49.0%)
- **3位** テレビ番組・CM (46.5%)

検索方法
- **1位** 検索エンジン (45.0%)
- **2位** Twitter (31.0%)
- **3位** 動画配信サービス (30.0%)

購入場所
- **1位** 実店舗 (67.5%)
- **2位** 総合通販サイト (52.0%)
- **3位** フリマアプリ (18.5%)

シェア方法
54.5%がシェア!
- **1位** 友達に直接話す (23.0%)
- **2位** Twitter (22.5%)
- **3位** Instagram ストーリーズ (20.5%)

広告・PR投稿視聴率
- **1位** 動画配信サービス広告 (46.5%)
- **2位** Instagram ストーリーズ広告 (28.0%)
- **3位** Twitter広告 (22.5%)

→**49.5%が** 広告・PR投稿から購入経験有!

SNSでの参考情報
- **1位** 一般の人 (24.0%)
- **2位** インフルエンサー (22.5%)
- **3位** ブランド公式 (22.0%)

インフルエンサー紹介
47.5%が購入経験有!
- ✔インフルエンサーの紹介がわかりやすい
- ✔信頼している

男性は女性に比べ、テレビCMでの商品との出会いや、検索エンジンでの検索行動がされており、従来の広告訴求が届きやすい消費行動をとっていることがわかった。また、今回の調査では、男性の50%近くが広告を参考に商品購入経験があることも明らかになっている。また、商品・サービスのシェアにも積極的であり、54.5%がアクションを起こしているとわかった。購入場所で最も多かったのは実店舗で67.5%。

　男女別に消費行動ジャーニーを比較したところ、特に認知経路、検索方法で違いが見られた。印象的なのは、女性の商品認知経路にテレビCMがランクインしていないこと。そして、商品の購入場所はどちらも実店舗が最多であったことだ。認知から比較検討のフェーズではSNSやインターネットを活用しているが、最終的には実物を確認して購入に至っていることが見て取れる。事前によく調べ、最後の一押しは実店舗に足を運んでいることから、「消費は慎重派」だと考えられそうだ。

 Z世代女性の消費行動ジャーニーマップ

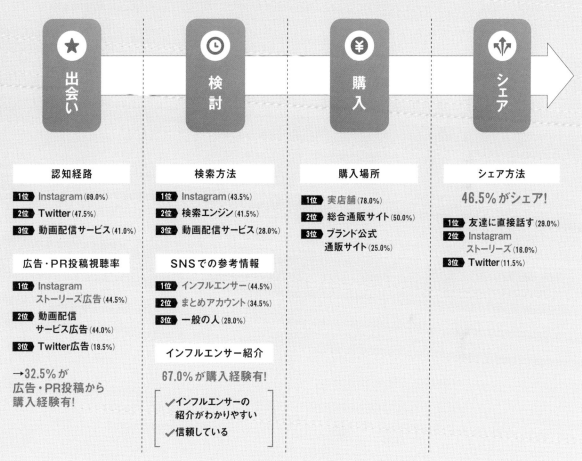

出会い　検討　購入　シェア

認知経路
- 1位 Instagram (69.0%)
- 2位 Twitter (47.5%)
- 3位 動画配信サービス (41.0%)

広告・PR投稿視聴率
- 1位 Instagram ストーリーズ広告 (44.5%)
- 2位 動画配信サービス広告 (44.0%)
- 3位 Twitter広告 (19.5%)

→32.5%が広告・PR投稿から購入経験有!

検索方法
- 1位 Instagram (43.5%)
- 2位 検索エンジン (41.5%)
- 3位 動画配信サービス (28.0%)

SNSでの参考情報
- 1位 インフルエンサー (44.5%)
- 2位 まとめアカウント (34.5%)
- 3位 一般の人 (29.0%)

インフルエンサー紹介

67.0%が購入経験有!
- ✔ インフルエンサーの紹介がわかりやすい
- ✔ 信頼している

購入場所
- 1位 実店舗 (78.0%)
- 2位 総合通販サイト (50.0%)
- 3位 ブランド公式通販サイト (25.0%)

シェア方法

46.5%がシェア!
- 1位 友達に直接話す (29.0%)
- 2位 Instagram ストーリーズ (16.0%)
- 3位 Twitter (11.5%)

　女性の消費行動は、よりSNSによる情報収集が活発で、商品購入前のSNSによる情報収集にも積極的であることがわかった。Instagramのおすすめ欄や、近年はTikTokで新しい商品に出会うようだ。購入場所についても女性の方が男性より「実店舗で買う」と回答した割合が高い結果となった。グループインタビューでは、「事前にSNSや通販サイトで欲しい商品をある程度絞り、店舗に行って欲しい商品の実物を確認してから購入する。店舗は友達と遊ぶ時に一緒に行くことも多く、友達とも相談しながら買い物を楽しむ」といった声も聞かれたという。

引用元:SHIBUYA109 lab.「Z世代のSNSによる消費行動に関する意識調査」／アンケート調査概要
①WEB調査　調査期間:2021年12月／調査パネル:外部調査会社のアンケートパネルを使用／居住地:1都3県／性別:男女／年齢:15～24歳／対象:高校生・大学生・短大・専門学校生／回答者数:400名(男性200名／女性200名)※回答率(%)は小数点第2位を四捨五入し、小数点第1位までを表示しているため、合計数値は必ずしも100%とはならない場合があります。②SHIBUYA109 lab.による定性調査／グループインタビュー　対象者条件:大学生　男子3名、女子4名　2G　合計7名　※その他過去定性調査をもとに考察

SNS上の情報、信用度は低い傾向に

Facebookを利用しないZ世代は8割超

ネオマーケティングの調査によると、Z世代が最もチェックしている情報源はSNSで55.8%。しかし、その信用度は12%と低い結果になった。情報の信用度は依然として、テレビ、ラジオ、新聞などのマスメディアが高い傾向があることが見て取れる。

また、普段利用しているSNSプラットフォームの利用時間についてはYouTubeが最多。一つひとつの動画コンテンツの時間が他のSNSよりも長いことが理由だと推測できそうだ。一方、Z世代より上の世代の利用が顕著なFacebookは、81.4%が「利用していない」と回答している。

 Q1 ## 普段チェックする情報源

アイリサーチ登録モニターのうち、全国の15歳〜25歳の男女 n=6953
（※本調査では、Z世代は1996年〜2015年生まれと定義する）

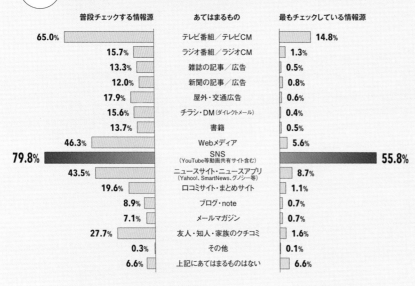

	普段チェックする情報源	あてはまるもの	最もチェックしている情報源
テレビ番組／テレビCM	65.0%		14.8%
ラジオ番組／ラジオCM	15.7%		1.3%
雑誌の記事／広告	13.3%		0.5%
新聞の記事／広告	12.0%		0.8%
屋外・交通広告	17.9%		0.6%
チラシ・DM（ダイレクトメール）	15.6%		0.4%
書籍	13.7%		0.5%
Webメディア	46.3%		5.6%
SNS（YouTube等動画共有サイト含む）	79.8%		55.8%
ニュースサイト・ニュースアプリ（Yahoo!, SmartNews, グノシー等）	43.5%		8.7%
口コミサイト・まとめサイト	19.6%		1.1%
ブログ・note	8.9%		0.7%
メールマガジン	7.1%		0.7%
友人・知人・家族のクチコミ	27.7%		1.6%
その他	0.3%		0.1%
上記にあてはまるものはない	6.6%		6.6%

「SNS（YouTube等動画共有サイト含む）」が普段チェックする情報源として79.8%、さらに最もチェックしている情報源としても55.8%を獲得。「テレビ番組／テレビCM」と41ポイントの大差をつけた。

Q2 ## 情報源への信用度

アイリサーチ登録モニターのうち、全国の15歳〜25歳の男女 n=6953
（※本調査では、Z世代は1996年〜2015年生まれと定義する）

■ 信用している　■ やや信用している　■ どちらともいえない　■ あまり信用していない　■ 信用していない

	信用している	やや信用している	どちらともいえない	あまり信用していない	信用していない
テレビ番組／テレビCM	27.1%	34.6%	21.9%	9.2%	7.2%
ラジオ番組／ラジオCM	18.5%	32.8%	33.1%	8.8%	6.8%
友人・知人・家族のクチコミ	16.1%	31.9%	36.0%	8.6%	7.4%
書籍	16.0%	31.8%	35.8%	9.5%	6.8%
ニュースサイト・ニュースアプリ	13.5%	33.9%	33.8%	11.8%	7.0%
新聞の記事／広告	17.8%	29.2%	33.9%	11.3%	7.9%
SNSを投稿する（Instagramのストーリーズ等）	12.0%	27.7%	35.0%	17.5%	7.8%
屋外・交通広告	11.5%	27.0%	39.3%	13.2%	9.0%
雑誌の記事／広告	11.9%	26.4%	37.3%	15.8%	8.6%
Webメディア	9.3%	25.1%	38.7%	17.8%	9.0%
チラシ・DM（ダイレクトメッセージ）	9.4%	20.8%	38.1%	18.6%	13.1%
口コミサイト・まとめサイト	8.3%	21.7%	39.3%	18.9%	11.9%
メールマガジン	7.7%	18.4%	43.5%	17.5%	12.8%
ブログ・note	7.2%	18.6%	42.5%	19.6%	12.1%
その他	11.1%	27.8%	38.9%	6.0%	16.7%

「テレビ番組／テレビCM」への信頼度について、「信用している」「やや信用している」と回答した割合は61.7%で最高。次いで「ラジオ番組／ラジオCM」51.3%、と半数に近い割合を獲得した。一方、「友人・知人・家族のクチコミ」を「信用している」「やや信用している」と回答した割合は48.0%。書籍や新聞の信用度を上回った。

Q3 世代別情報源への信用度
アイリサーチ登録モニターのうち、全国の15歳〜25歳の男女 n=6953
（※本調査では、Z世代は1996年〜2015年生まれと定義する）

テレビ番組／テレビCM

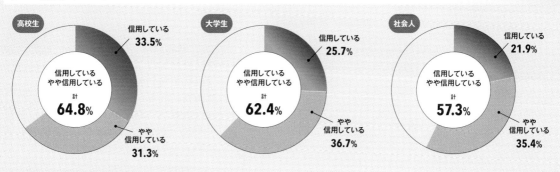

SNS（YouTube等動画共有サイト含む）

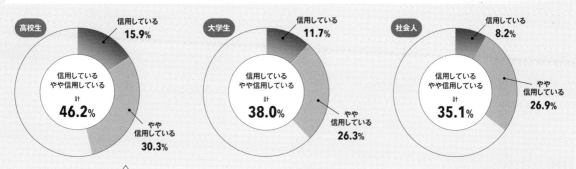

世代別に見ると、高校生から社会人になるにつれて、それぞれの情報源に対する信用度が下がっているのが見て取れる。特に「テレビ番組／テレビCM」「SNS（YouTube等動画共有サイト含む）」を「信用している」「やや信用している」と回答した割合は、高校生でそれぞれ64.8%・46.2%、社会人で57.3%・35.1%となり、約7ポイント〜11ポイントの差が生じた。

Q4 普段利用しているSNSの利用時間
アイリサーチ登録モニターのうち、全国の15歳〜25歳の男女 n=6953
（※本調査では、Z世代は1996年〜2015年生まれと定義する）

■ 利用していない　■ 30分未満　■ 30分以上1時間未満　■ 1時間以上

	利用していない	30分未満	30分以上1時間未満	1時間以上
Twitter	24.1%	29.8%	19.9%	26.1%
LINE	10.8%	28.0%	25.6%	35.6%
Instagram	20.3%	21.2%	22.5%	36.1%
TikTok	57.5%	14.0%	11.2%	17.3%
YouTube	11.7%	14.4%	19.4%	54.6%
Facebook	81.4%	10.7%	3.6%	4.3%
Pinterest	81.9%	9.8%	3.8%	4.5%
Snapchat	87.9%	5.3%	2.7%	4.1%
KakaoTalk	87.6%	5.2%	3.3%	4.0%
SHOWROOM	87.7%	4.8%	3.3%	4.2%
Mixchannel（現：ミクチャ）	88.8%	4.3%	2.8%	4.2%
17LIVE	89.2%	3.8%	2.7%	4.2%

利用時間「1時間以上」の回答が最多だったのが「YouTube」で54.6%。次いで「Instagram」が36.1%、「LINE」が35.6%。これらと比較して「TikTok」の利用率は下がるが、1時間以上利用する方が17.3%と5番目に多いことがわかった。

引用元：ネオマーケティング「もっと知りたい、Z世代。〜情報・人との接し方とは〜」／調査方法：ネオマーケティングが運営するアンケートサイト「アイリサーチ」のシステムを利用したWEBアンケート方式で実施／調査対象：アイリサーチ登録モニターのうち、全国の15歳〜25歳の男女　※本調査では、Z世代は1996年〜2015年生まれと定義する。
有効回答数：6953名／調査実施日：2021年12月2日（木）〜2021年12月20日（月）

Q5 日常生活における「暇な時間」

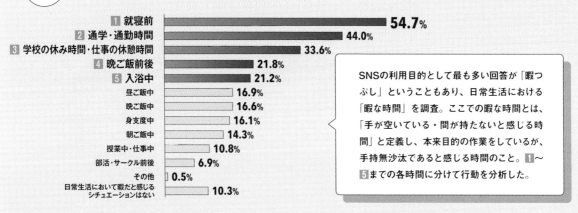

1 就寝前	**54.7**%
2 通学・通勤時間	**44.0**%
3 学校の休み時間・仕事の休憩時間	**33.6**%
4 晩ご飯前後	**21.8**%
5 入浴中	**21.2**%
昼ご飯中	**16.9**%
晩ご飯中	**16.6**%
身支度中	**16.1**%
朝ご飯中	**14.3**%
授業中・仕事中	**10.8**%
部活・サークル前後	**6.9**%
その他	**0.5**%
日常生活において暇だと感じるシチュエーションはない	**10.3**%

SNSの利用目的として最も多い回答が「暇つぶし」ということもあり、日常生活における「暇な時間」を調査。ここでの暇な時間とは、「手が空いている・間が持たないと感じる時間」と定義し、本来目的の作業をしているが、手持無沙汰であると感じる時間のこと。1〜5までの各時間に分けて行動を分析した。

「暇な時間」で行うこと

1 就寝前

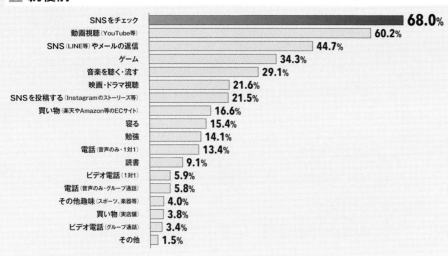

SNSをチェック	**68.0**%
動画視聴（YouTube等）	**60.2**%
SNS（LINE等）やメールの返信	**44.7**%
ゲーム	**34.3**%
音楽を聴く・流す	**29.1**%
映画・ドラマ視聴	**21.6**%
SNSを投稿する（Instagramのストーリーズ等）	**21.5**%
買い物（楽天やAmazon等のECサイト）	**16.6**%
寝る	**15.4**%
勉強	**14.1**%
電話（音声のみ・1対1）	**13.4**%
読書	**9.1**%
ビデオ電話（1対1）	**5.9**%
電話（音声のみ・グループ通話）	**5.8**%
その他趣味（スポーツ、楽器等）	**4.0**%
買い物（実店舗）	**3.8**%
ビデオ電話（グループ通話）	**3.4**%
その他	**1.5**%

2 通学・通勤時間

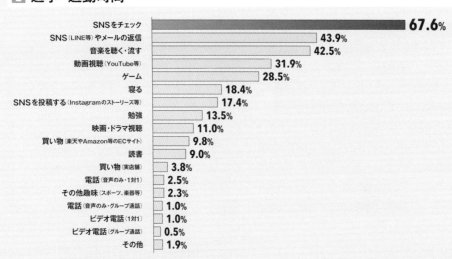

SNSをチェック	**67.6**%
SNS（LINE等）やメールの返信	**43.9**%
音楽を聴く・流す	**42.5**%
動画視聴（YouTube等）	**31.9**%
ゲーム	**28.5**%
寝る	**18.4**%
SNSを投稿する（Instagramのストーリーズ等）	**17.4**%
勉強	**13.5**%
映画・ドラマ視聴	**11.0**%
買い物（楽天やAmazon等のECサイト）	**9.8**%
読書	**9.0**%
買い物（実店舗）	**3.8**%
電話（音声のみ・1対1）	**2.5**%
その他趣味（スポーツ、楽器等）	**2.3**%
電話（音声のみ・グループ通話）	**1.0**%
ビデオ電話（1対1）	**1.0**%
ビデオ電話（グループ通話）	**0.5**%
その他	**1.9**%

3 学校の休み時間・仕事の休憩時間

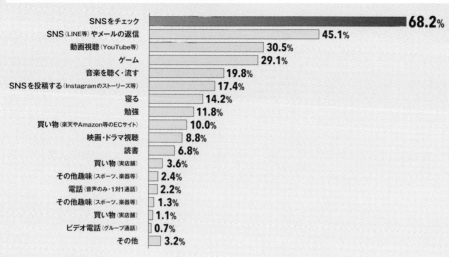

項目	%
SNSをチェック	**68.2%**
SNS（LINE等）やメールの返信	45.1%
動画視聴（YouTube等）	30.5%
ゲーム	29.1%
音楽を聴く・流す	19.8%
SNSを投稿する（Instagramのストーリーズ等）	17.4%
寝る	14.2%
勉強	11.8%
買い物（楽天やAmazon等のECサイト）	10.0%
映画・ドラマ視聴	8.8%
読書	6.8%
買い物（実店舗）	3.6%
その他趣味（スポーツ、楽器等）	2.4%
電話（音声のみ・1対1通話）	2.2%
その他趣味（スポーツ、楽器等）	1.3%
買い物（実店舗）	1.1%
ビデオ電話（グループ通話）	0.7%
その他	3.2%

4 晩ご飯前後

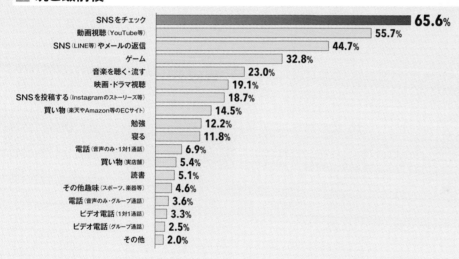

項目	%
SNSをチェック	**65.6%**
動画視聴（YouTube等）	55.7%
SNS（LINE等）やメールの返信	44.7%
ゲーム	32.8%
音楽を聴く・流す	23.0%
映画・ドラマ視聴	19.1%
SNSを投稿する（Instagramのストーリーズ等）	18.7%
買い物（楽天やAmazon等のECサイト）	14.5%
勉強	12.2%
寝る	11.8%
電話（音声のみ・1対1通話）	6.9%
買い物（実店舗）	5.4%
読書	5.1%
その他趣味（スポーツ、楽器等）	4.6%
電話（音声のみ・グループ通話）	3.6%
ビデオ電話（1対1通話）	3.3%
ビデオ電話（グループ通話）	2.5%
その他	2.0%

5 入浴中

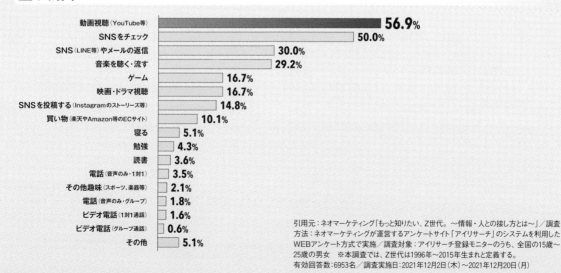

項目	%
動画視聴（YouTube等）	**56.9%**
SNSをチェック	50.0%
SNS（LINE等）やメールの返信	30.0%
音楽を聴く・流す	29.2%
ゲーム	16.7%
映画・ドラマ視聴	16.7%
SNSを投稿する（Instagramのストーリーズ等）	14.8%
買い物（楽天やAmazon等のECサイト）	10.1%
寝る	5.1%
勉強	4.3%
読書	3.6%
電話（音声のみ・1対1）	3.5%
その他趣味（スポーツ、楽器等）	2.1%
電話（音声のみ・グループ）	1.8%
ビデオ電話（1対1通話）	1.6%
ビデオ電話（グループ通話）	0.6%
その他	5.1%

引用元：ネオマーケティング「もっと知りたい、Z世代。～情報・人との接し方とは～」／調査方法：ネオマーケティングが運営するアンケートサイト「アイリサーチ」のシステムを利用したWEBアンケート方式で実施／調査対象：アイリサーチ登録モニターのうち、全国の15歳～25歳の男女　※本調査では、Z世代は1996年～2015年生まれと定義する。
有効回答数：6953名／調査実施日：2021年12月2日（木）～2021年12月20日（月）

消費も「自己表現」がキーワード

商品・サービス選びは理想の自分に近づく役割に

　本調査で頻出するワードが「自分」や「理想」。デジタルネイティブ世代（Z世代・ミレニアル世代）において、商品・サービスの消費は単なる機能としての役割だけでなく、理想の自分に近づくための「自己表現・コミュニティ選び」

といった役割も持つと推測。
　電通デジタルの「YNGpot.™」では、消費行動にも自分らしさを求めるデジタルネイティブ世代の行動を「自己表現消費」と名付けている。

Q1 多様な人に刺激をもらいながら、理想の自分に向けてチャレンジする世代

n=1200　Z世代(15-24歳)：600ss　／　ミレニアル世代(25-34歳)：400ss　／　大人世代(35-59歳)：200ss

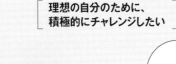

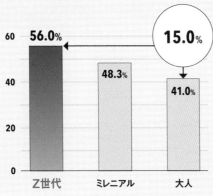

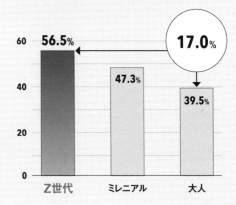

> デジタルネイティブ世代は、「理想の自分のために、積極的にチャレンジしたい」（Z世代：56.0％・ミレニアル世代48.3％）、「より多様な人と出会い、刺激をもらいながら生きていきたい」（Z世代：56.5％・ミレニアル世代：47.3％）、と回答。また、コロナ禍以前と比べて両者の傾向が強くなったと約3割（現状維持も含めると約9割）が回答し、活動の制限など多くの苦難があった中でも、SNS上などで多様な人と出会いながら、理想の自分を描き、その未来に向けて挑戦し続ける世代であることがうかがえる。

引用元：電通デジタル「YNGpot.™」　「デジタルネイティブ世代の消費・価値観調査 '21」／調査時期：2021年10月4日～10月11日／調査対象者：15～59才男女 1都3県／
算出サンプル数：1200ss ／比較サンプル数：Z世代(15-24歳) 600ss、ミレニアル世代(25-34歳) 400ss、大人世代(35-59歳) 200ss ／
調査手法：インターネット調査／調査機関：電通デジタル、電通マクロミルインサイト

Q2　SNSを駆使して、好きな商品・サービスをきっかけに誰かと繋がる世代

n=1200　Z世代(15-24歳):600ss ／ ミレニアル世代(25-34歳):400ss ／ 大人世代 (35-59歳):200ss

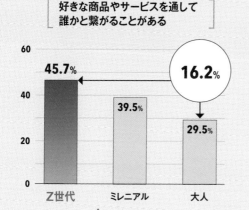

[好きな商品やサービスを通して
誰かと繋がることがある]

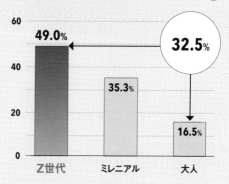

[趣味や嗜好ごとに、
複数SNSアカウントを使い分けている]

商品・サービスの消費価値観については「好きな商品やサービスを通して、誰かと繋がることがある」がZ世代45.7%、ミレニアル世代39.5%の回答。趣味や嗜好ごとにSNSアカウントを複数管理していることも調査で明らかになった。Z世代と35～59才の大人と比べると32.5%の差が見られた。

Q3　利用している商品・サービス自体や、それを通して繋がった人間関係を通して、自分らしさを表現する

n=1200　Z世代(15-24歳):600ss ／ ミレニアル世代(25-34歳):400ss ／ 大人世代 (35-59歳):200ss

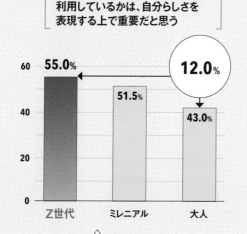

[自分がどのような商品・サービスを
利用しているかは、自分らしさを
表現する上で重要だと思う]

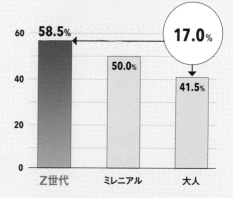

[自分がどのような人とつながって
いるかは、自分らしさを表現する
上で重要だと思う]

「自分がどのような商品・サービスを利用しているかは、自分らしさを表現する上で重要だと思う」(Z世代:55.0%・ミレニアル世代:51.5%)。デジタルネイティブ世代にとって商品・サービスとは、理想の自分に近づくための「自己表現・コミュニティ選び」といった役割も持つと考えられる。

Z世代のリアル

私たちが共感する企業
届くマーケティング

発行日	2023年1月6日　初版第一刷発行
発行者	東彦弥
発行所	株式会社宣伝会議
	〒107-8550
	東京都港区南青山3-11-13
	TEL.03-3475-3010
	https://www.sendenkaigi.com/
アートディレクション	近藤圭悟（参画社）
印刷／製本	三松堂株式会社